众妙之门

六谈当代博物馆

[加]沈 辰 著

Entering the World of Wonder:

Thoughts on
Contemporary Museum

文物出版社

图书在版编目（CIP）数据

众妙之门：六谈当代博物馆 /（加）沈辰著 . -- 2
版 . -- 北京：文物出版社, 2022.5
　ISBN 978-7-5010-7174-6

　Ⅰ . ①众… Ⅱ . ①沈… Ⅲ . ①博物馆—工作—研究
Ⅳ . ① G26

　中国版本图书馆 CIP 数据核字 (2021) 第 151871 号

众妙之门：六谈当代博物馆

著　　　者：[加] 沈　辰

责任编辑：谷　雨

责任印制：苏　林

封面设计：程星涛

装帧设计：雅昌设计中心·北京

出版发行：文物出版社

地　　　址：北京市东直门内北小街2号楼

邮　　　编：100007

网　　　址：www.wenwu.com

印　　　刷：宝蕾元仁浩（天津）印刷有限公司

经　　　销：新华书店

开　　　本：787mm × 1092mm　1/16

印　　　张：15

版　　　次：2022年5月第2版

印　　　次：2022年5月第1次印刷

书　　　号：ISBN 978-7-5010-7174-6

定　　　价：98.00元

目录

余论：走进"众妙之门"

附录

后记

引言

似乎有个不成文的规定，关于博物馆的书，都要从"什么是博物馆"这个问题开始，那么我们也从这里开始吧。

博物馆这个概念既古老又现代。

之所以说古老，是因为它的含义源于古希腊神话传说中的"Muse"——缪斯女神，即智慧的化身；英文单词"Museum"的拉丁语词根中的意义可以引申为"欣赏和学习艺术珍品的地方"。它的雏形可以追溯到公元前三世纪，托勒密二世在亚历山大里亚创办研究机构，称之为"Museion"，在这里，古希腊著名数学家克特西比乌斯发明了一种原始活塞泵，世界因此有了滴漏计时器。

之所以说现代，是因为具有当代意义的博物馆直到十七、十八世纪才开始出现。随着时代的变化，博物馆的内涵和外延都在不断发生演进。有趣的是，尽管"博物馆"一直在变，但始终没能远离它古老的本义。

那么，到底什么是博物馆？

其实不用我回答，维基和百度等大众网络搜索平台都有答案。"博物馆是征集、典藏、陈列和研究代表自然和人类文化遗产的实物的场所，并对那些有科学性、历史性或者艺术价值的物品进行分类，为公众提供知识、教育和欣赏的文化教育的机构、建筑物、地点或者社会公共机构。"[1]可见，博物馆是一个有藏品、有陈列的机构。

1　百度的博物馆定义，见链接https://baike.baidu.com/item/%E5%8D%9A%E7%89%A9%E9%A6%86/22128。维基百科的定义为"A museum is an institution that cares for (conserves) a collection of artifacts and other objects of artistic, cultural, historical, or scientific importance. Many public museums make these items available for public viewing through exhibits that may be permanent or temporary. The largest museums are located in major cities throughout the world, while thousands of local museums exist in smaller cities, towns and rural areas. Museums have varying aims, ranging from serving researchers and specialists to serving the general public. The goal of serving researchers is increasingly shifting to serving the general public".

在一次以了解博物馆在观众心目中的角色为目的的调查过程中，山东大学文博专业的实习生曾向前往博物馆参观的观众询问过这样一个问题："您认为博物馆是一种怎样的存在？"获得的答案虽不尽相同，但大多不外乎围绕着"国宝""历史""传承"来展开。正是基于这样的认识，人们才会把博物馆当作了解一个城市历史的重要之选。

但是，如果以从业者的角度来看，"什么是博物馆"显然是一个严肃的学术问题。关于博物馆的定义，近百年来国际博物馆协会（ICOM）的章程为我们展现了一条清晰的关于博物馆内涵与外延发展变化的脉络（附录　"博物馆"定义摘要）。从作为皇宫的卢浮宫到作为艺术殿堂的卢浮宫，从皇家私苑紫禁城到全民热衷的故宫博物院……社会变化中一次又一次的"私器"变"公藏"，让"博物馆"这个概念的发展呈现出一种宏大的叙事意味。这种叙事引导了学术界对博物馆界如何从"私密"走向"开放"的思考。在这个背景下，博物馆的功能和社会影响力开始发生"不可逆转"的巨大变化。

说到近百年博物馆的变化历程，深感发展速度最快、规模最大、势头最迅猛的当属中国的博物馆。如今，我在加拿大皇家安大略博物馆（Royal Ontario Museum，下文用其简称ROM，图0.1）的从业时间已经超过了二十年，这二十年恰好是中国博物馆事业发展如火如荼的时代。中华人民共和国国家统计局公布的数据显示，1996年全国博物馆的总数是1219家，到了2016年，全国博物馆数量为4109家，到了2017年，增长为4721家[1]，翻了将近二番。仅2016至2017一年的增幅达到了612家，而2017至2018一年的增幅为633家，总数达到5354。两年间平均每天就有1.7家新博物馆建成。这里还不包括旧馆改造、改建、扩建等大型基建项目。即便是这样，从数量上来说，与博物馆事业发展历史悠久的国家和地区相比，仍然存在明显的差距。例如，美国的博物馆数量已经超过了3.5万家，在数量上远远多于国内的博物馆；人均博物馆占有量上中国博物馆数量也存在极大的差距，加拿大的博物馆数量虽然"只有"2300家，但是全国人口仅3700万（相当于一个重庆

1　见中华人民共和国国家统计局官网资料：http://www.stats.gov.cn/.

图0.1：加拿大皇家安大略博物馆创办于1912年，为加拿大安大略省政府立法并资助的公立博物馆，是加拿大最大的集艺术、文化与自然历史于一体的大百科全书式博物馆，也是北美著名的博物馆之一，拥有来自世界各地的藏品和自然科学标本近1300万件。它既是艺术品、考古文物与自然科学的展示场所，又是一个重要的学术研究机构。全称为Royal Ontario Museum，常简称为ROM。有些网络文章和少数出版物误读为"皇家博物馆""安大略博物馆""皇家安省博物馆""安大略皇家博物馆""多伦多博物馆"等等，在此一并更正。

市的人口）。即便如此，依旧不能否认，高速发展已然是中国当代博物馆发展的一个显著特点。

毫无疑问，数量上的增加是衡量博物馆发展的一项重要指标。但是，博物馆的发展，又绝非仅仅通过数量来考量。数量不是反映博物馆发展的唯一指标，我们首先要考虑的是当代社会需要建构什么样的博物馆。当我们建设博物馆之前，应该先去思考这样一个问题——什么是二十一世纪的博物馆？

在过去的二十年里，我在北美博物馆行业耳闻目睹的是博物馆如何在经济衰退、科学技术革新、"90后"风潮的大环境下，依然"努力"且"挣扎"着，"痛苦"并"快乐"着。在二十世纪末，传统的博物馆从业者已经意识到，再不改革，博物馆就会被新时代抛弃、被社会遗忘。由于互联网传播的介入，博物馆不再是神秘的殿堂，艺术品欣赏也不再属于小众和精英文化。在这二十年间，西方的博物馆一直处于自我调整的状态：有倒闭关门的；有关闭藏品部门、暂停业务的；有试图拍卖藏品来维持运营但却因此遭受制裁的；有大幅度裁员以减少财政支出的；有解聘辞退任期未满的馆长和高层管理人员的；也有高薪聘请营运官，如首席营销官（Chief Communication Officer）和首席数字运营官（Chief Digital Officer），来开拓博物馆新业务的，等等。表面上看，财政情况的捉襟见肘是导致一系列被动调整的直接原因，但是究其根源，还是博物馆没能适应时代的要求。因此，这不仅仅是针对中国博物馆界抛出的问题，更是一个全球博物馆界都必须去思考和面对的问题：如何将一个传统意义上的博物馆转变成为二十一世纪的博物馆？

首先要回答：什么是二十一世纪的博物馆呢？因为本书自始至终围绕这个概念来展开讨论，所以有必要对"二十一世纪博物馆"做以说明。

有人一定会有疑问，二十一世纪已经过去了五分之一，现在提这个博物馆概念是不是已经过时了？其实不然！首先，二十一世纪博物馆的概念不是时间下的构建。过去二十年内所建造的新的博物馆，不一定是二十一世纪博物馆。一个在新世纪内创立的博物馆，如果还是以"藏"为主要宗旨，以显宝、鉴宝和展宝为目的，其实仍然在走传统博物馆的老路子。现在，国内不少新型的博物馆在不断赶超欧美博物馆的硬件软件，借鉴和探索海外博物馆工作经验，但却没有意识到，这些海外博物馆一百多年来的经验也正在被时代淘汰、被修正、被转变。许多国内博物馆的同行们正在积极了解和学习西方博物馆的一些实践工作，但是，如果我们不了解哪些工作是西方博物馆多年积存下来的鸡肋，哪些工作是他们准备马上调整做出转变的，那么我们学到的那些经验，不管暂时对国内博物馆来说如何新颖、如何奇妙，其实仍然是西方博物馆在二十世纪发展中积累和沉淀的传统经验，或称"二十世纪博物馆"的特质经验。

过去二十年，西方的"百年老店"博物馆都在努力确定下一个百年的发展方向。所以，这二十一世纪的前二十年，实际上也是海外博物馆调整和转变、逐步认识清楚什么是未来博物馆的发展路径的时期。大家意识到，路径的那一头就是我们的终极目标，这个目标就是我们需要建设的"二十一世纪博物馆"。

　　在这本书里，我希望通过自己二十余年的博物馆从业经历，能够对中外博物馆的发展方向展开一些思考、讨论和提问。本书的目的是讨论当代博物馆走向未来之路的一些问题，所以它不是一本介绍西方博物馆理论与实践的书。希望有兴趣的读者，不要将这本书作为博物馆实践指南或理论阐发一类的读物。尽管在一些案例中，我会介绍海外博物馆的工作思路和方法，但是，这些经验并不一定适合中国国情下的博物馆发展。我的想法很简单，想邀请大家和我一起来思考一个基本问题：我们在当下，在二十一世纪的社会为什么还需要博物馆，需要什么样的博物馆？

　　如果我们理解了这个问题，在构建新的博物馆时，我们的硬件软件、人力物力、雄才韬略就会沿着自己的道路去发展具有中国特色的博物馆。那个时候，我们不再是亦步亦趋地拾人牙慧，而是真正地超越西方博物馆，成为"二十一世纪博物馆"的典范。

　　围绕这个问题，本书将从六个方面进行讨论。

　　首先，我们需要探讨的问题是"什么是二十一世纪的博物馆"。二十一世纪博物馆和以传统博物馆为代表的二十世纪博物馆有着显著的区别。一方面，我们强调传统博物馆的核心是藏品以及围绕藏品所做的保护、研究、展示和教育。另一方面，我们见证了博物馆的"巨变"。博物馆为何要变，如何变，变成什么样？又怎么必须是"万变不离其宗"？转型中的博物馆为什么可以成为我们这个新时代中可以口口相传并引以为傲的社会文化机构？这些问题都将在这一部分中予以探讨。

　　其次，我们将试图探讨博物馆中的"灵魂人物"——curator。直到现在，西方博物馆中的这一核心岗位职责还没有完全和国内博物馆的相应岗位对应起来，或许这也是国外和国内博物馆体制不同的一个具体表现。本章基于个人经历主要讨论了 curator 的职责和义务，由此希望读者能进一步理解为什么 curator 不能简单翻译为博物馆的"策展人"。虽然馆长、宣教员、志愿者等职位也十分关键，但是我更愿意将 curator 视为博物馆的"灵魂"。他们既是负责藏品研究的研究员又是主持策划展览的策展人，两者不可分离，也不可相互取代。他们更是博物馆关联社区和公众的具体实现者。

接下来我们将关注博物馆最重要的"产品"——展览。在这里，我们需要基于策展的目的与策略，重新思考"博物馆为什么要做展览"。我们可能都有一个共识，即博物馆中的展览和其他商业展览相比理应不同，但是却不一定说得清这背后的原因。博物馆的策展策略应该是什么？如何才能策划一个成功的博物馆展览？策展的问题又引出另外两个概念——"释展"和"评展"。这是两个各有明确归属的概念，但是实际上关心的却是同一个问题：如何让观众看得懂展览。告别高高在上，做让观众喜爱的展览，是二十一世纪博物馆的一个基本功能。通过释展和评展，我们希望不仅要让观众看懂展览、喜欢展览，还要让他们尽可能理解展览传达的策展思想。

第四个方面围绕着博物馆藏品展开。从欧美博物馆在殖民时代入藏世界艺术和文化入手，去理解全球化下博物馆的历史发展。随着时代的变迁和第三世界的发展，博物馆藏品的文化归属和对它们的阐述成为今天欧美博物馆进入"去殖民化"时代的前提。认识和发挥海外博物馆馆藏文物在全球化下的文化属性，是二十一世纪博物馆实现其民众文化枢纽职能的一个重要职责。而新时代转型后的博物馆，其藏品为我们和公众搭建起一个升华文物及其文化属性的深度讨论平台。

第五个方面讨论的是博物馆与文化遗产。博物馆不应只是研究和展示藏品，更应该思考和理解居于藏品之上的精神因素。如果说形而下的物质体现是博物馆藏品，那么形而上的文化遗产的保护与传承就是博物馆精神。在这一章中，我们会讨论博物馆如何选择收藏今天的文物。只有了解了博物馆文化遗产的价值观和伦理观，我们才能真正做到"为明天收藏今天"。当代社会的文化遗产价值不再通过博物馆展示的物质文化藏品来衡量和判断；应该在目前多元文化、多元政治的社会中，通过把我们的历史和现实的生活联系在一起进而深度体现和表达出来。

最后，我们需要讨论博物馆与当代社会的关系。作为一个主体，博物馆如何能够发挥其参与甚至是主导社会焦点的能动性？博物馆如何为当代社会极为关注的社会问题提供探讨的平台和视角？博物馆是否能够为政府和社区分忧，来共同寻找一些关键问题（如气候变化、种族问题、性别歧视、全球化、老龄化等）的解决之道？走向社会的博物馆，不只是扩大向观众开放的规模，也不只是"卖萌"的文创或"时尚"的短视频，而是应该用博物馆沉淀下的文化遗产之道，来为社会搭建过去与未来的"彩虹桥"，让博物馆成为社区中的一分子。

如果说，建构一座二十一世纪的博物馆好比是建一艘豪华邮轮，目的在于吸引成千上万的游客登船，去领略和欣赏自然景观与人文风情。那么，对于上了船的游客而言，除了邮轮的硬件设施要舒适齐全之外，更需要了解邮轮的目的地、沿途路标和休闲攻略，这也是越来越多的游客更在意的事情。对于我们博物馆人来说，打造这艘邮轮之前，必须先明确它的目的和功能——是适应变化莫测的深海远洋，还是去领略风景宜人的江河湖泊；是提供大百科全书式的全面服务，还是精心打造私人定制式的深度体验？这些都需要我们去明确、完善和实施。

或许这个比喻并不十分准确，但我希望能够传达这样一层意思：建构新的博物馆，不能只求大、只求新、只求全，而应是真正地、实效地将博物馆的功能置于"为人民服务"的目标和策略之上。只有这样，我们才能更好地为公众服务，为他们制定教育活动或项目。通过他们的"口碑"来引领更多有相同需求的公众"登船游览"。博物馆通过明确目标来发现他们的公众，公众通过体验来寻找他们心目中的博物馆，这是一种良性循环。当博物馆的目标和公众的志趣相匹配时，这种博物馆就是最适合他们生活品位和情趣的，让他们能够去休闲、娱乐、求知、学习的博物馆。不同时境、不同环境、不同心态下的公众，需要不同类型的博物馆以及不同形式的展览，来帮助他们寻找求知的体验、探索无穷的自然和历史的奥秘、解答社会变化的困惑和难题。

博物馆若能如斯，夫复何求！

1

一谈
二十一世纪博物馆：
穷则思变

两份作业

2016年秋天，我在山东大学历史文化学院做了"建构博物馆"的系列讲座。讲座中，我以藏品、展览、公众活动、传播、参与和体验这六个主题，对博物馆的运营与管理进行了介绍。关于这次系列报告的主要内容，已经公开发表[1]，此处不再赘述。之所以谈到这次系列讲座，原因在于我为在场听报告的学生布置了两份作业：一份是针对本科生的——"写下你心目中的博物馆"；另一份是针对研究生的——"在过去几十年中，国内外对于博物馆的定义是什么"。

先看第二份作业的答案。不出意外，文博专业的硕士生们的回答比较专业化、标准化。他们从来源上将这些定义分成三种类型：一是国际博物馆协会（ICOM）的定义及其历次调整的结果；二是一些国家的博物馆界对博物馆的定义；三是一些国际知名博物馆馆长和博物馆学界的知名学者对博物馆的定义。作业的意图在于鼓励大家去发现博物馆定义的历时性变化和共时性差异，以及如何去更好地理解不同定义所处的"原生情境"（original context）。

目前国际上对博物馆的通行定义，来自国际博物馆协会2007年于维也纳召开的第22届大会。在会议章程中，对博物馆的定义调整如下：

> 博物馆是一个为社会及其发展服务的、向公众开放的非营利性常设机构，为教育、研究、欣赏的目的征集、保护、研究、传播并展出人类及人类环境的有形及无形遗产。

为了凸显定义的历时性变化，我们对比国际博物馆协会1946年在巴黎会议上通过的章程中对博物馆的定义：

> 博物馆包括所有向公众开放的艺术、技术、科学、历史或考古学收藏，包括动物园和植物园，不包括图书馆，除非图书馆有常设展室。

这两组定义都出自国际博物馆协会的章程，相隔61年。在1946年的定义

1　沈辰：《构建博物馆：从藏品立本到公众体验》，《东南文化》2016年第5期。

中，我们可以看到彼时社会对博物馆的期待是"藏品与展览"——对公众开放藏品，并强调展览的重要性。而在2007年的博物馆定义里，不仅强调了博物馆要为社会开放，更要求博物馆要"为社会及其发展服务"。此外，"教育"作为博物馆的首要目的，被赋予了重要角色，这一点也不见于1946年的定义。实际上，通过回溯国际博物馆协会的历次定义，我们可以发现，2007版的定义并不是"一蹴而就"的。早在1951年，国际博物馆协会就增添了博物馆的公众教育和文化价值的社会功能；1974年，则最早提出了博物馆应该"为社会及其发展服务"（附录 "博物馆"定义摘要）。

从这个历时性的变化中，我们可以发现两个重要信息：第一，二十世纪七十年代的博物馆，开始发生从"藏品研究与展示"向"公众教育与社会服务"的质变。在西方博物馆中，这一转变的标志反映在"释展"（interpretive planning）这一概念的出现（详见第三章）。第二，博物馆不再仅仅为了研究与收藏而征集，早年如皇家安大略博物馆（ROM）、大都会艺术博物馆（MET）和大英博物馆（BM）等，对全世界的艺术精品的大肆收藏已经退出了主流，如今的博物馆应当为了公众的欣赏和学习、为了服务于发展中的社会而收藏、研究、保护和展示。正如曾担任纽约大都会艺术博物馆馆长的托马斯·P·F·霍文所说："博物馆拥有巨大潜力，不仅能够促进现代社会的稳定与发展，而且能够提升其品质，并实现社会卓越发展。"

纵览不同时期、不同主体对博物馆的定义，我们应该认识到，博物馆"永恒的核心"是藏品、研究、展示和教育，最大的变化体现在博物馆对公众、对社会发挥的功能与责任上。

回过头，我们再看第一份作业。对于2016年在山东大学文博专业就读的"90后"来说，心中的博物馆是怎样的呢？我们可以直接从他们的回答中得到答案：

- 未来博物馆应该面向公众构建起一种博物馆式的休闲方式，这就要求博物馆的各项基础设施要跟进，博物馆互动要立体化，观看主题电影、民俗生活体验、陶器制作体验⋯⋯都可以出现在博物馆内，满足

甚至发掘不同类型的观众的体验要求。（2014级文物与博物馆学专业
邹文杰）

● 总之现在不像以前了，以前文化建设落后，一个大通柜就可以满足观
众的需求，就可以让观众像刘姥姥进大观园一样地充满惊喜和惊奇，
而现在的观众早已经见多识广，单是看已经满足不了他们的需求了，
他们还要听、摸、玩，总之要全知全感。我们需要把握这个观众需求
的发展趋势。……优秀丰富的展览，完善的公众设施，强烈的服务意
识，有良好的社区公众互动，总之，好的博物馆都会做到的就是人性
化。（2014级文物与博物馆学专业 黄琳梓）

● 再提一些对于嘉定博物馆的期许。可以稍稍在宣传上多做一点，提高
一点知名度就好，不用太高，静静地立在古城中心就好。第二是继续
挖掘嘉定的历史，将地方历史陈列做得更细腻、更有地方特色，不仅
让当地人有更深的地方认同、地方依恋，也能感染外来的游客、移居
嘉定的城里人以及在北方的文化背景下成长却来南方工作的人等，让
他们觉得这个地方真好，产生地方依恋，甚至也能进一步产生地方认
同。（2015级文物与博物馆学专业 陈婷婷）

● 我心中未来的博物馆应该是一个接地气的、平易近人的综合性文化机
构。（2014级文物与博物馆学专业 吴文玉）

下面是2013级文物与博物馆学专业单琦惠同学以《博物馆：记忆之城》为
题的作业全文：

在一个安静的深夜，带着不可避免的些许困意，再读《诠释变
化中的博物馆》，仅看到第一页，就忍不住摘录、写感想，瞬间困意
全无，精神无比，甚至有点小兴奋。读到"老得可以进博物馆了"这一
句，我不禁笑了，的确如此，这仿佛暗示，博物馆收藏的都是当下"无
用"的东西。在我看来，普通人的这种认知虽然带有惯性认知的盲从，

却也无可厚非，因为在以往的很长时间里，我也是这样觉得：博物馆里的都是特别有年头的"宝贝"，隔着岁月的迷雾和展柜的玻璃，我无法"触及"。

最近在文物保护实验室做新石器时代山东章丘焦家遗址出土的彩绘陶壶，我就在想：它的主人是何人？主人如何使用它？闲置不用时它又被放在何处？它时常和什么物品放在一起？坦白讲，诸如此类的问题，读本科学习考古文博之前，我不知道，本科即将毕业的现在，我也未必能讲得多好。而就在实验室的操作台面、彩绘陶壶的近旁，便是五六千年之后清理陶壶的我的水杯。而我知道关于这水杯的一切：500ml、天蓝色、特百惠牌、坚固耐用，通常用来盛储饮用水，偶尔也用来冲麦片，常放在随身背包中，个别情况会被遗忘在寝室的桌子上，我已经使用了一整年，陪伴我第一次参加田野发掘、第一次参加实习面试，过往岁月里那么多平实朴素的记忆，都有这个水杯的一席之地，想想都不可思议。好像，亦不止过往，今天的我仍在使用，也因此使它与陶壶在文物保护试验室得以相逢，而明天，不出意外，这水杯将和我一起去蒋震图书馆……想想都觉得妙不可言。

很多事情都需要契机，比如认识一个人、阅读一本书，或者是跨越时空"缔造"某种联系，比如新石器时代无名氏的彩绘陶壶和二十一世纪单琦惠的水杯的相遇。这种体验对于普通人比如我来说，更渴望表达和分享，获得关注和共鸣。因此我想，博物馆为每个个体提供自我表达的契机，或许值得一试。展示"普通人""普通物"的"普通故事"，只要其所有者有话想说。也许它会类似现今的微信朋友圈，有阅览权限的分级设置，主人晒出自己的生活点滴，分享并获得关注，或者只是私密的留言、静默的独白。但这种关乎于个人表达的博物馆展览，又完全不同于微信虚拟空间的记忆留存，因为它们是实物，参观者可以真实融入与此相关的环境，尝试体会、感知以实现交流、共鸣，或是批判、不认同。

新石器时代的彩绘陶壶作为文物，定会得到妥善保存。相应的，假如这个蓝色水杯是我生命中的最后一个水杯，那它的命运又该如何被安排？按照我们老家的习俗，年迈的长辈去世后，一些遗物会被一同火化，剩余一些会被分给子女保存，聊慰思念，祈求福泽。随着生命的代代延续，这些普普通通的遗物，是不是终究散落？因此，我时常在想，当一个人离去，生命的故事是不是就戛然而止，是不是就只剩下等待，等待这个世界将他彻底遗忘。博物馆，是否可以为此做些什么。比如，作为"记忆之城"，收藏"普通人""平凡物"的"微记忆"。

带着感动与震撼，我看到了同学们描绘的未来博物馆的蓝图：博物馆不再是高冷的地方，博物馆应该是接地气的、人性化的场所。既有"大观园"一样的包罗万象和惊奇，也可以让异乡人产生认同与依恋。在这些朴素的语言中，我们可以发现，同学们用自己的认知对二十一世纪的博物馆功能进行了定义：服务于公众、为公众提供独到的体验、走出象牙塔、社会融入、社区互动等等。这些想法契合了博物馆未来的发展方向。

这两份作业，让我从同学中看到他们对博物馆的热爱和期待。有了这样一批博物馆新生力量的参与，博物馆的变化自然是顺理成章、理所应当的了。如今，我们已经不需要再教学生"什么是博物馆"，而是要和学生一起去探讨：如何建构我们心目中的博物馆，为什么要有变化中的博物馆，博物馆为什么要变？

万变不离其宗：博物馆的宗旨

从上面学生的作业中，我们可以直接感受到时代对博物馆变化的期许和渴望。博物馆从十九世纪的贵族收藏殿堂中走出来，成为平民生活的一部分，这番经历是漫长而曲折的。二十世纪，博物馆业界和学术界对博物馆定义的不断修订正是这段经历的如实见证。新世纪的大学生对博物馆的期待更是超越了我们博物馆从业人员的想象。我曾经在《诠释变化中的博物馆》一文中提到："在这个急剧转型的社会中，博物馆肩负着保护人类自然和文化遗产的重要使命！要想将博物馆办得更好，只有用魔幻般的展示，将博物馆的神秘通过新时代喜闻乐见的形式展现给公众，让公众对博物馆持续以来的收藏、藏品研究的意义性和相关性，有实际性和参与性的体验。"[1]

如果我们和前面的学生一样期待博物馆能够达到这样的目标，那么就要求我们的博物馆思变、求变，并且能够应变以达转变。但是，必须注意的是，无论博物馆如何变，都必须保证它仍然是一座国际博物馆协会定义下的有自己特质的博物馆，而不能变成社区文化中心、商业画廊、休闲娱乐中心或购物中心。自然，我们也不能同意，让会馆、展馆、家族收藏馆、企业艺术馆"摇身一变"而成为有名无"实"的"博物馆"。无论当代社会如何发展变化，博物馆就是博物馆，它的核心理念、核心价值、核心功能，是几个世纪的实践中沉淀下来的博物馆精神，而不是一个用于"显摆宝贝"的珍宝柜，或媚俗的娱乐场所。

在二十世纪，博物馆以收藏为主。二十一世纪，博物馆仍然不可以没有藏品，也不可以没有藏品研究和藏品保护。博物馆的展览不能没有藏品而用图片和复制品代替，博物馆中的教育活动和公共活动更不能和藏品没有关系。二十一世纪的博物馆，是在收藏、研究、展示的基础上，提出更高的要求，用藏品来更好地联系公众的生活。博物馆要讲述藏品背后的故事，通过藏品让观众体验全新的博物馆参观经历。

因此，我们要建构二十一世纪博物馆的目标是由"藏品立本"转变到"公众体验"[2]，这就是博物馆万变不离的宗旨。在西方，几乎所有的博物馆官方网站上，在"关于我们"（about us）一栏内，都有一个专门的页面，介绍该博物馆定

1　沈辰：《诠释变化中的博物馆》，山东大学文化遗产研究院编《东方考古》第12集，北京：科学出版社，2015年。

2　沈辰：《构建博物馆：从藏品立本到公众体验》，《东南文化》2016年第5期。

图1.1：美国纽瓦克博物馆是新泽西州最大的博物馆，保存了十八世纪典型的美国中产阶级的居家生活，后扩展为收藏美洲、非洲、亚洲文化的艺术博物馆。

下的"mission""vision"和"value"。mission指博物馆的宗旨，vision指博物馆的发展方向，value指博物馆能够为观众提供的价值观。

下面对比几家博物馆的宗旨。第一个是纽约大都市郊外的纽瓦克博物馆（图1.1），另一个是费城宾夕法尼亚大学的人类学和考古学博物馆（图1.2）。这两个博物馆都藏有精美的中国文物，在国内具有较高的知名度，特别是后者，以展示昭陵六骏中的"飒露紫"和"拳毛䯄"最为著名。

新泽西州的纽瓦克市是十八、十九世纪工业时代中下层美国工人集聚的地方。作为该州最大的艺术和科学博物馆，纽瓦克博物馆从建馆开始就以平民阶层教育为己任，以美国居家艺术为起点，并逐步扩展为集世界艺术和文化精品于一体的博物馆。目前，它的网站上列出的宗旨是：

> 纽瓦克博物馆自成立以来，作为一个服务于公众的博物馆，一直在公众的信任下运作，并在文物及相关观点与相关者的需求及愿望的关联方面发挥着引领作用。我们相信，我们的艺术和科学收藏有能力教育、

图1.2：美国宾夕法尼亚大学人类学和考古学博物馆的中国展厅

激励和改变所有人，以及我们所服务的地方的、区域的、国家的和国际的共同体。[1]

作为博物馆的创始董事，约翰·科·达纳（John Cotton Dana）这样来描述博物馆：

一个好的博物馆能够吸引人们、娱乐人们，并引起人们的好奇心，使人们产生问题意识——从而促进学习。[2]

宾夕法尼亚大学的人类学和考古博物馆是世界上屈指可数的、以考古为主的一流大学博物馆。他们的藏品大多数是通过考古调查和发掘获取的，涵盖了世界

1　原文为：The Newark Museum operates, as it has since its founding, in the public trust as a museum of service, and a leader in connecting objects and ideas to the needs and wishes of its constituencies. We believe that our art and science collections have the power to educate, inspire and transform individuals of all ages, and the local, regional, national and international communities that we serve.

2　原文为：A good museum attracts, entertains, arouses curiosity, leads to questioning and thus promotes learning.

上的多个文明地区，特别是埃及、美索不达米亚、玛雅等地区。它目前的宗旨是：

宾夕法尼亚大学博物馆改变了我们对人类历史体验的理解。

考古学是一门研究出土文物的学问。从人类祖先最初的痕迹，到二十一世纪的建筑，考古学分析那些由人类创造或改变的物质遗存，以寻求对人类经验的广泛理解。人类学是研究过去和现在人类的学科。为了全面了解人类历史上各种文化的广泛性和复杂性，人类学从社会和生物科学以及人文科学和自然科学中汲取知识并加以发展。[1]

宾夕法尼亚大学博物馆的宗旨，更侧重于为了公众更好地理解过去，而从人类学和考古学角度研究和保护文化历史。这是他们博物馆的特长和优势。

除了这两个博物馆，我们再来看看国内比较熟悉的美国旧金山亚洲艺术博物馆。在它的网站上有博物馆宗旨、发展方向和价值观。其宗旨是"以其享誉世界的藏品、展览和公众活动将多元化社区和传统及当代亚洲艺术和文化连接起来，从而激发创造性思索"，发展方向是"要让亚洲艺术和文化成为每一个人的生活重心"，价值观是"尊重、参与、感召、敏锐、贴近"[2]。

由上可见，博物馆的宗旨应该是一个博物馆区别于其他博物馆、构建博物馆特色的最根本的出发点，任何性质和归属的博物馆都应当有它自己明确的宗旨。ROM是一座古老而又现代的研究型博物馆。研究型博物馆是指具有研究能力，并且以学术前沿研究为本体的博物馆。它需要将研究方向、研究成果与博物馆的展览、陈列、教育结合起来，并且注重原创和本真。不是每个博物馆都要

---

1 原文为：The Penn Museum transforms understanding of the human experience. Archaeology is the study of objects made by humans. From the first traces of our earliest human ancestors to 21st-century buildings, archaeology analyzes the physical remains created or modified by people in pursuit of a broad understanding of our human experience. Anthropology is the study of humans, past and present. To understand the full sweep and complexity of cultures across all of human history, anthropology draws and builds upon knowledge from social and biological sciences as well as the humanities and physical sciences.

2 见旧金山亚洲艺术博物馆官网：http://asianart.org/.

变成研究型博物馆，这既不现实，也没有必要。但每个博物馆都应该有自己的定位和宗旨，从而使公众得到不同的收获和体验。不同类别的博物馆应该有不同的建馆目标。大学博物馆、专题博物馆、地区博物馆、生态博物馆、考古遗址博物馆等应该和百科全书式综合博物馆有明显区别，这就要求他们的博物馆宗旨、建馆方向、价值观都有所区别。没有人愿意把加拿大的博物馆都办成ROM。不仅ROM不会愿意，加拿大历史博物馆、皇家阿尔伯特省博物馆等等也不会愿意。同在多伦多地区的安大略省美术馆更不可能与ROM有同样的宗旨、方向和价值观。

要先认识构建博物馆的理念才能明确博物馆宗旨，坚定了博物馆的宗旨才能使博物馆的管理和营运策略发生变化。博物馆如何收藏文物、怎样研究藏品、推出什么样的展览以及如何推出、开展什么活动以及如何推广……这些基本问题归根到底都是办馆宗旨的明确与强化。当读懂旧金山亚洲艺术博物馆的宗旨中关于将"传统及当代亚洲艺术和文化连接起来"的字句，就可以理解为什么该馆在我们的著名华裔许杰馆长执掌以来，大力推出一个个大手笔的亚洲当代艺术展览和活动的原因了[1]。其实在亚洲艺术博物馆中举办许多当代艺术展览并不完全是许杰馆长的个人兴趣爱好（许杰的学术专业是中国古代青铜器），而是博物馆依其宗旨来进行策展的结果。

宗旨是博物馆运营过程中所有决策的基础与共识。在此之上，博物馆才能办出自己的特色与风格。每一个博物馆都有自己的受众群，有些针对的是小规模的兴趣团体，如邮政博物馆、华侨博物馆、电影博物馆的受众。博物馆要真正关注受众群的想法，如果他们认为博物馆办得好，那一定是因为博物馆关注了他们的感受——这才是成功的博物馆运营。

即便是同一个博物馆，在不同的时代背景下，也会根据实际情况调整他们的宗旨，改变他们的方向。ROM开创之初就是多伦多大学的博物馆，他的宗旨和前述宾夕法尼亚大学博物馆一样为大学的教育和研究提供基础的收藏

---

1   许杰：《策展思路——如何把古代艺术和当代艺术汇通起来》，2017年4月13日，https://news.artron.net/20170310/n915513.html.

和展示。1912年，加拿大安大略省议会立法通过了在多伦多大学内成立博物馆的提议，随后拨款在大学的东北角，即著名的大学路和布鲁尔大街上，在紧临多伦多大学享有盛誉的"哲学家小径"（Philosopher's Walk）边建成了一幢地面三层、地下两层的维多利亚式馆舍（现为博物馆西翼）

图1.3：从多伦多大学的"哲学家小径"仰望的ROM西翼。顶上的水晶体建造部分是2005年第四次扩建后的建筑结构。

（图1.3）。1913年3月19日，维多利亚女王第七子阿瑟王子，也是时任加拿大总督的康郡特公爵（Prince Arthur, Duke of Connaught）代表女王参加了开幕式。在致辞中他高度赞扬了捐建博物馆的人士为"公共教育"做出的贡献，他们使得博物馆超越了为"收藏家和学者"建立的传统。自此，ROM始终遵循着这一宗旨，为学术研究和公众教育而不懈努力。在其一百年的历程中，ROM逐渐从一个单纯的研究型博物馆转变为以研究为基础的、面向公众（public-facing）的博物馆。可见，随着时代的变化，宗旨发生变化是一件非常正常且必要的事。

2012年，ROM再一次修订了办馆宗旨：博物馆应该"成为让全球公众关注、理解并能体验到瞬息万变的自然世界与文化世界的必要的参观目的地"[1]。其中的"成为"（to be recognized）是把博物馆放在客体的位置上，这既不是博物馆的自行定位，也不是同行和上级的评定，而是要让公众去决定、让参观者

---

1 原文为：to be recognized globally as an essential destination for making sense of the changing natural and cultural worlds.

去认可。"必要的参观目的地"（essential destination）是ROM希望能成为世界各地的游客、学人到多伦多时必须来参观的目的地。在这里，观众可以对变化中的世界——自然世界和文化世界——都有所了解。换言之，世界在变化，博物馆也在变化，观众今年看到的展览、参与的活动与明年、后年看到的展览、参与的活动都应不同。

但是，ROM的决策人员很快就意识到，这样的宗旨还是把博物馆放在了公众的另一面，还是被动地让大众去接受，而不是积极地、努力地通过博物馆一起去改变公众自身的观念和生活。因此到了2018年，上任不到三年的白杰慎（Josh Basseches）馆长在一番审时度势后，经由董事会全体通过，ROM将宗旨调整为：

> 我们在这里通过帮助人们认识过去和理解现在来改变我们的生活，并共同创造一个人类与世界共同繁荣的未来。为了实现这一目标，我们建立并分享全球的收藏，创造知识，激励学习，鼓励讨论，并在艺术、文化和自然的交叉世界中激发交流那些和我们与社区息息相关的话题。[1]

ROM新的宗旨代表了一个传统博物馆向二十一世纪博物馆转变的决心，由一个为了自身的利益而发展的博物馆转变成了为公众的利益而去努力的博物馆。

再比较一下波士顿美术馆（Museum of Fine Art, Boston）于1991年公布的宗旨：

> 波士顿美术馆收藏和保护卓越的藏品，通过公众与艺术品的接触

---

1 原文为：We transform lives by helping people to understand the past, make sense of the present, and come together to shape a shared future. We build and share global collections, create knowledge, inspire learning, encourage gathering, and spark exchange on topics within the intersecting worlds of art, culture, and nature that matter to people and communities.

而激发为各行各业的人们服务的动力。[1]

而我个人的理解是，这是典型的二十世纪传统博物馆的宗旨。

为什么是"穷则思变"？

那么，为什么大多数欧美博物馆都在新世纪力求改变呢？我有时在讲座中常常半开玩笑半认真地说：穷了，穷则思变嘛！

什么是"穷则思变"？这句话最早出自《周易·系辞下》："穷则变，变则通，通则久。"指事物到了尽头就要发生变化。用这个成语来讨论博物馆的变迁，或许有些偏激，却也不尽然。虽然"穷"的本意在此处并非贫穷，但是在我的博物馆经历中，的确看到不少博物馆因"贫穷"而变。十余年前，底特律艺术博物馆（Art Institute of Detroit）因市政府财政破产而面临拍卖藏品并被迫关门，也恰好是这段难得的经历，让底特律艺术博物馆于重组之后，在公众教育、社区互动、社会参与和知识体验等方面，走在了北美博物馆界的前沿。可以说底特律艺术博物馆提供了一个二十一世纪主流博物馆"穷则思变"后成功转型的典型案例。

回归本意，"穷"更多地带有一种"穷途末路"的意味。西方博物馆在经过一百多年的发展之后，开始反思自己是否感到了"落伍"，跟不上时代的节奏，不受"世纪宝宝"的待见了？是否会在某一天突然发觉，博物馆本身也要变成被收藏的"古董"了？现实是残酷的：如果博物馆再不调整自己的发展策略，那这些可能性就很有可能成为现实。因此，在博物馆这个行业里，特别是有着完整百年历程的西方博物馆，在新旧世纪之交，都面临着发展瓶颈的困扰，面临着"十字路口"的选择。无论是表意的"穷"，还是本意的"穷"，都要求博物馆必须思变。

1　原文为：The Museum of Fine Arts houses and preserves preeminent collections and aspires to serve a wide variety of people through direct encounters with works of art. 见波士顿美术馆官网。

我们先看看表意的"穷"。说白了，就是钱的问题。西方博物馆的钱从哪里来？为什么会发生像底特律艺术博物馆那样没有钱的事情？

2012年底的一天，也就是在我上任ROM世界文化部（现改名为艺术与文化部）负责人的第二年，当时的馆长珍妮特·卡丁（Janet Carding）召开了一次紧急内部会议。会上通知说，董事会批准了博物馆做出全面人事减员百分之十的决定，目的是为博物馆每年运营预算节省出300万加币的开支。和以前的零星裁员不同的是，这次要求每个部门都要按比例减员。当时我坐在会场上，第一个反应就是，300万？这在国内某大型博物馆也许还不够买一台文保研究系统的检测仪器呢！

ROM决定人事减员的事，在当时并没有引起很大的震动。在多伦多，在加拿大，甚至在全北美，博物馆和美术馆等文化机构大幅度裁员的新闻已经不新鲜了。除了大家已经知道底特律艺术博物馆面临倒闭需要重组外，几乎同时，同属五大湖地区的芝加哥市著名的菲尔德博物馆（the Field Museum）也宣布大幅裁员，而且涉及他们的科学研究人员和策展人，并将他们的科学研究和教育部门进行了重组。特拉华艺术博物馆（Delaware Art Museum）于2014年也无奈地宣告，要拍卖一批藏品来填补行政预算的窟窿。这个决策遭到了全美博物馆行业的谴责和抵制。之后不久，全美艺术博物馆馆长协会（Association of Art Museum Director）相继对波克夏博物馆（Berkshire Museum）和拉·萨勒大学艺术博物馆（La Salle University Art Museum）以拍卖珍贵艺术品来作为扩建基金的行为提出了制裁措施[1]。在ROM大幅裁员之前，罗德岛设计学院博物馆（Rhode Island School of Design Museum）、洛杉矶郡艺术博物馆（Los Angles County Museum of Art）的减员决策中，决定暂时关闭亚洲艺术部。很多我熟识的在该部门工作的、曾以为拥有"铁饭碗"的亚洲艺术研究员、策展人都无可奈何地离开了工作多年的博物馆，另谋出路。可以说，在新世纪初，几乎所有北美主流博物馆都发生了大幅减员。博物馆界的巨无霸——纽约大都会艺术博物馆在十年内，职工人数从1500人减至1200人左右。

---

1 报道见https://culturalpropertynews.org/aamd-sanctions-museums-for-selling-artworks/.

成立于1912年的ROM，于1914年建造完成并对外开放营运，当时属于多伦多大学的教学与研究博物馆。1965年，ROM与多伦多大学分离，成为安大略省政府财政拨款的公立文化机构。二十世纪中叶，博物馆一直享受政府每年的全额津贴，并由此规划博物馆下一年度的研究（包括田野调查与考古经费）、展览、活动和教育。可以说，ROM也曾经有过一段在"计划经济"下衣食不愁的好日子。博物馆主办的展览是不是受观众欢迎，观众买不买单，这些都不是问题。记得我1997年入职的时候，隔壁办公室的一位同事、中西亚兵器专业的研究员（curator）对我说："好好做藏品研究，做出什么就可以办什么展览。"换句话说，就是"你想办什么展览就可以办什么展览，你说了算！"但是，仅仅过了几年，进入二十一世纪之后，我才发现根本没有机会体验前辈的这种福利了。

二十世纪八十年代，由于受到北美连续经济疲软的影响，博物馆财政状况也出现了危机：省政府不再追加一分钱的财政拨款。博物馆开始意识到，如果政府没有在下一年度削减博物馆的金额，就已经是"万事大吉"了。虽然政府财政拨款年年持平，但营运成本却在逐年增加，博物馆需要依靠门票和商业营销策略来填补越来越大的财政空缺。在我入职的那一年，省财政的拨款是博物馆年度预算的百分之七十，而到了我们宣布大幅裁员的2012年，财政拨款在博物馆营运经费中的比例已经不到一半了。博物馆一方面要不断提高本身的营运能力——由此需要有一批具有商业头脑、致力于改革的领头人，以提升自主创业的渠道；另一方面又要不断压缩开支，同时保持高水平、高质量的研究和展览。

百分之十的年度财政缩减，对于ROM这类的博物馆意味着什么呢？如果平均以20元加币的门票来计算，意味着博物馆必须在原有参观人数的基础上，每年再增加15万人次的参观量。2012年，ROM的年度参观人数是90万。如果要避免裁员，博物馆就需要动用一切人力、物力、财力来保证每年的参观人数增长16%。虽然到了2018年ROM的年度参观人数到了144万人次，达到了历史性的高峰点，但是在七年前，那个目标看上去却是遥不可及，当时，裁员也就变得不可避免。

那么，通过收门票来营利（不是盈利）的博物馆如何才能一下子吸引15万人次的观众呢？这不光是ROM面临的问题，也是大多数西方主流博物馆面临的问题。如何让从小就和微软、苹果、互联网一起长大的年轻人开始改变他们从父母辈那里得到的关于博物馆的传统印象，成为博物馆的忠实观众？这也是全球传统博物馆都需要面对的问题。

现在让我们来看一下"穷"的另一面：穷途末路的穷，就是博物馆的出路问题。如何让博物馆走出现有的困境，吸引更多的观众？一个比较简单、或许也是行之有效的办法，就是让博物馆在建筑和规模上"改头换面"，于是扩建或改建开始了。

我们可以注意到，几乎所有具有百年历史的西方博物馆，都在世纪之交前后对其建筑进行了扩建或改建。这些"百年老店"不仅仅是为了扩充展馆面积和藏品用地，更希望通过此举，一改长期以来给人带来的高冷的距离感，让博物馆成为让人流连忘返的地标性建筑。比如大英博物馆的中庭（图1.4）、卢浮宫的玻璃金字塔（图1.5）、大都会博物馆的新建街景展厅（图1.6），以及ROM的水晶宫等等（图1.7）。这样，博物馆的地标性新面貌可以成为街头巷尾的谈资和游客接踵而至的目标。通过改扩建，博物馆可以借机调整传统的常设展厅，重新诠释文化内涵，并以现代科技作为辅助，冀图吸引年轻一代的观众。这一系列举措是有效的，博物馆因此重新回到了人们的生活中。但是，值得注意的是，博物馆也因此付出了很大的经济代价。

图1.4：大英博物馆的改造工程，将大英图书馆与博物馆合为一体的中庭（陆仲雁拍摄）。

1999年，在ROM还没有正式启动水晶宫体部分的改建工程之前，

图1.5：让美籍华裔贝聿铭名声大噪的卢浮宫改造工作中的玻璃金字塔（陆仲雁拍摄）　　图1.6：大都会博物馆重新改造的纽约街区文化展厅

就先期完成了全新的韩国艺术与文化展厅。作为二十世纪末建成的新展厅，其中增添了前所未有的电子屏幕。那个时候的电子屏幕还是6寸大的LCD，我们一口气用了40余个，加上安装费一共消耗了60万加币。我记得，当时ROM的行政总裁、现任渥太华国家自然历史博物馆馆长玛吉·贝吉尔（Meg Beckel）对我说："我给你们签字批钱的时候手都在发抖。"可见科技背后巨大的经济消耗。结果，当2005年ROM的水晶宫完成后，博物馆整个亚洲展厅又开始重新改造，那40多个6寸大的LCD荧屏也一并消失了。很显然，它们从技术和表现形式上都"过时"了。可以说，这笔投入算是"打了水漂"。当年，不少西方博物馆在进行展厅改造的时候，也做了不少"仓储式"或"开放式库房"的陈列，为此动辄投入上百万美元，结果最后大多也成了鸡肋。

　　博物馆在世纪之交为了不被时代抛弃而做出的改变，几乎让博物馆都经历了更为严峻的财政困境。通常，这批改扩建工程的大部分经费来自博物馆向商业银行申请到的低息贷款。ROM水晶宫体的改建预算是2.5亿加元，而联邦和省的两级政府各出资3500万，博物馆以冠名形式募集到近1个亿，剩下的则需要通过商业洽谈获得贷款。这一部分贷款ROM基本上要用十年的时间来还清。在这十年间，自然都有"家里揭不开锅"的日子。我个人的亲身体验是，

图1.7：ROM2005年扩建后的新旧建筑合体
（图片由ROM提供）

在还贷的那几年内，每到年度预算的第三季度，基本上行政开支都要被冻结。计划要花但还没有花的经费，全部不能再使用了。这就是为什么西方博物馆在二十一世纪初，财政预算都在纷纷告急且开始削减开支的原因。到了无法挨过的红线时，博物馆只好"丢卒保车"，忍痛裁员了。

截至目前，我所谈到的"穷"都是以西方博物馆为例的，可以看出它们的确到了"穷则思变"的境地。

但是这和本书所面向的读者——中国的博物馆界有什么关系呢？在国际博物馆界，众所周知，中国博物馆"不差钱"。很多西方博物馆都争先恐后地与中国的博物馆进行合作，特别是确保能够为西方博物馆带来盈利的展览，比如兵马俑的展览。同时，西方博物馆也将自己的展品和展览打包输入中国，这也会带来一笔不菲的收入。这种形式的交流，客观上看的确属于文化交流的范畴，但是背后的经济利益是不能视而不见的。如今，大多数的中国博物馆都可以从政府那里获取百分之百的财政支持，至少也是财政差额补贴，像极了二十世纪八十年代之前的ROM。但是这一形式究竟能持续多久，这一点已经开始引起业内的重视。

2019年1月《瞭望》新闻周刊在第三期上发表了一篇题为《博物馆免费开放能否步入良性循环》的评论文章[1]。记者蒋芳、邱冰清在文章中指出，自博物馆免费开放（2008年）以来，博物馆财政收入"零增长"，事业编制"零增长"。尽管故宫博物院凭借"萌萌哒"文创产品，其营业额屡创新高，但在某种程度上是受益于自身"公益二类事业单位"的性质的。反观其他绝大多数的

1　蒋芳、邱冰清：《博物馆免费开放能否步入良性循环》，《瞭望》2019年第3期。

非民营博物馆，"公益一类事业单位"的性质成为其愈发"举步维艰"的原因之一。这篇文章已经揭开了中国博物馆"穷"的冰山一角，如何在当下文化事业管理体制改革的大潮中帮助博物馆谋求新的生存之道，是本书希望能够引起读者重视的问题。

变化的基石：什么是二十世纪博物馆？

在博物馆进行改革之前，博物馆首先要知道为什么变，而不是"为了变而变"。求变，必须要知道博物馆现在所处的位置，然后定下明确的目标。对一个具有百年历史的博物馆来说，了解什么是二十世纪的博物馆，才能真正认识到自己在变革之前所处的位置。而制定改革的目标，就需要明确什么是二十一世纪的博物馆。在接下来这一节，我们先讨论第一个问题：博物馆当前面临的问题。

2018年10月11日上午9点，在ROM的大会议室里，正在进行常规的季度董事会全体会议。这次会议不寻常的地方在于，21位董事会成员几乎无一缺席，且博物馆高层管理人员全体到场。这次会议的主要议题是由白杰慎馆长做题为"二十一世纪的ROM：博物馆战略规划方向"（The 21st Century ROM: The Museum's Strategic Direction）的报告（图1.8）。这个报告是和来自波士顿的一家博物馆战略策划咨询公司合作的，经过十八个月的调研，严密论证了博物馆的过去，分析了博物馆的现状和前景，陈述了博物馆需要改革的内因和外因。报告在热烈的讨论和辩论之后，得到董事会一致通过，从此定下了ROM今后十年的发展目标。有了这样的目标，博物馆就可以开启一系列的调整，比如人事的改变、组织结构重组、财力物力的倾斜等等。

我们要谈的是博物馆思变的基础，可以参考报告中的一段话：

当代社会文化发生了巨大的、急速的变化。数字技术已经成为日常生活中不可分割的一部分，由此引发出人们，特别是年轻一代，在各个领域都越来越期待方便和个性化的需求。国际社会日益一体化和相互依

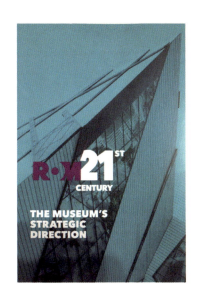

图1.8:"二十一世纪的ROM：
博物馆战略规划方向"报告封面

存，不断改良的民主思潮正在多条战线上为公平和包容作抗争，学者和社区利益相关者呼吁博物馆承认其殖民根源，并审视其文化表征的实践。城市社区——尤其是多伦多——在族裔和民族文化上比以往任何时候都更加多元化。这些变化引发了关于在二十一世纪吸引和增加博物馆观众的挑战性问题。

公众对文化体验的定义已经扩大，包括了更广泛的一系列活动，如公共艺术、美食和街头集市。同时，交通成本的降低，也使得人们更容易接触到艺术真品。

尽管有这些变化，博物馆的传统优势仍然与当代文化和公民生活高度相关。艺术真品在瞬息万变的数字体验世界中有着特殊的共鸣。事实和基于证据的洞见有助于为我们在信息泛滥的世界中导航，但也需要区分哪些信息是可信的。但仅凭这些优势是不够的，它们必须被看作是建立有效地对变化的环境做出反应的新能力的基础。

结合上面提到的全球博物馆在世纪之交进行的大规模扩建改造工程，我们可以理解，博物馆的转变是迫于下面几种社会变化的压力：全球化经济体衰减、网络移动通讯科技的飞速发展、全球族裔人口结构的变化、观众对博物馆期待值的变化、文化消费观的变化。举个例子，曾经人们以为到图书馆看书、到书店买书、到音乐厅听歌剧、到博物馆看艺术品才是文化生活，但是当下人们的文化生活却是：到书店喝咖啡、到咖啡馆看话剧、到博物馆吃早午餐、到街头听爵士乐等等。这些因素就是博物馆思变的外因。

再看博物馆自身发展的内因。ROM到今天已有一百多年的历史，虽然相比大英博物馆、大都会艺术博物馆、卢浮宫等欧美老牌博物馆显得年轻得多，但相对于仅有150余年建国史的加拿大而言，可以说是非常"古老"了。在一个世纪的博物馆发展中，ROM从建馆初期作为多伦多大学五个专业的博物馆，随着社会的发展而不断调整预设目标，一路兢兢业业地发展过来，如今成为加拿大最大、最重要的集艺术、文化和自然历史为一体的综合性博物馆，也是全球主流博物馆中的一分子。

而那些ROM在二十世纪追求的目标正是今天我们回顾二十世纪博物馆的评判标准。那么，什么是二十世纪的博物馆呢？以ROM为例，一百年前，建设博物馆的目标就是"超越为收藏家和学者而建立的传统"，是学术研究和公共教育的文化机构。我认为，二十世纪的博物馆有下面几个核心特征：

● 致力于收藏、保护与研究；

● 侧重于艺术品、历史文物与科学标本的展示；

● 是为公众呈现世界范围内奇珍异宝的唯一途径；

● 为让国内民众对藏品和建筑产生自豪感；

● 博物馆作为知识的权威，观众是信息和专业知识的接收者；

● 是顶级的艺术、文化与自然历史标本的收藏和研究的文化场所。

简而言之，二十世纪博物馆是高冷的、典雅的、庄严的和权威的。

"高冷"的原因在于，二十世纪的博物馆是"为了收藏而收藏"。收藏来自世界各地、常人无法涉猎的艺术、文化遗物和自然科学标本，是博物馆的天职。在二十世纪，博物馆的独特之处就在于"我收藏的就是你永远看不到的"。博物馆一贯有一种神秘感，因为很多藏品是深藏不露的。它的高冷也在于博物馆的忠实观众主要来自知识精英阶层和收藏家，他们能够享受到文化俱乐部的体验。但那种体验很难为"草根阶层"所享受，可望而不可即。记得香港回归中国不久后的一天，有一位出租司机在搭载一名香港中文大学的教授去博物馆参加展览开幕式时，直言不讳地说："博物馆就是你们这些读书人去的。"[1]

"典雅"是因为博物馆收藏、展示和保护的藏品，大多都是世界一流的甚至是顶级的艺术品，因此，也可以说博物馆是世界艺术巅峰的殿堂。百年前建造的博物馆无一例外都呈现高台重檐下的古典，流露出文艺复兴的那种得意（图1.9）。典雅是因为艺术高不可攀，知识深不可测。博物馆的展示和公众教育，由内而外地透露出高高在上的经典、不可挑战的权威。典雅也是因为博物馆可以让公众感受到知识的光环，享受到文化的滋润，体验到精英的包容。博物馆的典雅也可以提供给人一种身份的认可、一张进入精英圈的邀请函。

"庄严"来自于博物馆在二十世纪的社会地位，是政府和社区对博物馆的重视和人们对博物馆的尊重。这份重视是因为博物馆为公众教育和学术研究做出了贡献，这份尊重是源于博物馆的藏品研究和展示能够重新让当地居民感性地了解历史、了解世界。博物馆是连接学校、社区的重要教育平台，特别是在中国，更是重要的爱国主义教育基地。所以，博物馆为国家、为当地政府、为周边社区带来了荣誉感和自豪感。

"权威"指的是二十世纪的博物馆藏品研究必须要有顶级学者。博物馆研究藏品和展示藏品的专家是curator或keeper（详见第二章），我们可以称呼其为教授也好，研究员也好，或者策展人也好，他们都是博物馆中最有权威的代表，"说一不二"的角色，博物馆的馆长曾经也必须从他们中间推举产生。他们对来自天南海北的标本、文物的研究与诠释，是人们认识世界、了解本土和异域文化的最真实、最权威的知识。那些知识通过博物馆展览的文字说明传播给公众，虽然在如今看来，西方博物馆中这样的表述不免有些井底之蛙的感觉，甚至会有浓浓的殖民文化的味道，但是在彼时仍然是绝对的权威。

1　引自 Tracey L-D Lu（吕烈丹），*Museums in China: Power, Politics and Identities*. London and New York: Routledge , 2014.

图1.9：美国著名的芝加哥艺术博物馆（Art Institute of Chicago Museum）外景

　　二十世纪博物馆的这些特性是我们今天认识博物馆的基础。当然，这些特征并不是用来回答"什么是二十一世纪博物馆"这个问题的。但是如果不谈及二十世纪的博物馆，那么我们给出的任何一个答案都将是虚无缥缈、毫无根据的。实际上，上文所涉及的二十世纪的博物馆定义，是我们看到的真实的西方博物馆在一百多年来的沉淀。这些传统博物馆的精华，为我们如今所希望打造的二十一世纪的博物馆奠定了坚实的基础。

转变的方向：什么是二十一世纪博物馆？

　　转变并不意味着"不破不立"。虽然"老话"是说先破后立，但是学会继承百年来博物馆沉淀下来的精髓，并进一步扩展其在当代社会中的影响力，才是我们转向二十一世纪博物馆的原动力。

　　先说一句题外话。对于博物馆的改扩建，博物馆界存在两种截然不同的态度。一种态度是放弃旧址，在郊区另外择平地而起；另一种是充分利用旧馆的边边角角，来扩展博物馆的实际使用面积。前一种强调硬件条件，确保文物的安全，保证储藏空间；后一种暂时忍痛忽略库房和办公室用地，增扩可以举办公众活动的公共空间。这两类态度都无可厚非，各有各自的使用情景。但是，如果将这两类思路放在本书的"二十一世纪博物馆"的情景中，我们可以认识到：前一种是以博物馆为中心，由内向外地发挥博物馆的功能；后一种是以公众需求为中心，由外向内地决定博物馆的发展。

早年的博物馆，一般都建设在人口密集的城市中心。在市郊建设新馆，虽然可以解决用地问题，建设成宏阔的博物馆，但是给观众，特别是依赖公共交通的观众带来不便也是显而易见的。用旧馆的"边角"来改扩建博物馆，虽然面积上看起来有些"小家子气"，但却能为一家三代的观众带来一种归属感，能让他们看到博物馆的变迁历史和他们自己的家庭历史之间的关联。可以想象这样一种场景：一个爷爷可能会这样对他的孙辈说："孩子过来，当年我看到的就是这件木乃伊，还记得我常常给你讲的吧？但是，哦……当时并不是放在这里的，而是在一楼。哦对了，就是刚刚我们吃饭的餐厅所在的那个地方。"

再以ROM为例，一百年来，ROM经历了四次改扩建工程（图1.10）。如今，我可以在博物馆中找到一个位置，来为客人开启我的介绍。在这个空间中，我可以让客人一次性地看到ROM经历的四次改扩建工程，让他们体验到博物馆新旧交替的建筑历史及其背后的故事。我常常是这样开始我的讲解的："现在我们所站的地方，在1914年的时候，属于博物馆之外的广场，面对的那个穹顶大门，就是当年博物馆的大门。我们背后的那条马路，还是当年的那一条'大学道'（University Avenue）。"（图1.11）

所以，在建设二十一世纪的博物馆时，我们不能放弃上一个百年的博物馆精神，而是应该将其继承、光大，进而才能把二十一世纪博物馆的目标确定在观众体验上。因此，作为二十一世纪的博物馆，首先就是继承博物馆的收藏、研究、展示和教育的核心精神，再去寻求改变。为了让博物馆在当下社会中发挥更大、更重要的公众服务职能，二十一世纪的博物馆需要更精湛的藏品、更权威的研究、更典雅的展览和更愉悦的学习。这就要求我们必须先对上文中提到的二十世纪的博物馆进行全面的把握和理解。

图1.10：ROM百年中四次扩建略图。1914年ROM对外开放时，坐西朝东的三层维多利亚式馆舍（左上）；1930年正在建造的博物馆东翼以及中庭（右上）；1980年扩建后的南区研究和藏品中心以及北区的阶梯式展厅和花园（左下）；2005年完工的北区水晶塔（右下）。

图1.11：ROM一楼中庭，这是作者为客人介绍博物馆的起始地点。当作者面对读者时，作者的前方是ROM1914年旧馆的大门，背后是1930年扩建之后的正门，左手是1980年建造的研究中心，右手是2005年的水晶塔展区。

综合二十世纪的博物馆精神和二十一世纪服务公众的目标，我认为，二十一世纪的博物馆应该具有如下特点：

- 是一个继承了传统博物馆卓越的收藏、研究、展览和教育的实践和精神的博物馆。

- 是一个在市民生活和社区活动中能起到核心作用的博物馆。

- 是一个有各种智慧方法，让观众将博物馆体验融入他们自己相关的生活中去的博物馆。

- 是一个能够和公众一同追寻权威话语权或提供表达不同观点的平台的博物馆。

- 是一个能够通过新方法打破传统学科界线来创造和传播知识的博物馆。

- 是一个对数字化技术的运用充满自信和接纳的博物馆。

- 是一个尊重文化遗产价值和伦理，可以承担社会责任的博物馆。

- 是一个具有面对挑战勇气和追求创新精神的博物馆。

通过对比二十世纪的博物馆，我们可以发现，二十一世纪博物馆的使命，其中最重要的转变在于，博物馆和公众的关系不再只停留于"公共教育"的层面，而是提升到了一个更高、更全面的视野上。将公众体验视为博物馆未来发展的中心环节，不再"为了收藏而收藏"，而是"为了公众而收藏、研究、展示"。

二十余年的博物馆从业经历，给我带来最深的感触是，博物馆应该更加"平民化"，让博物馆成为人们生活中的一部分。这种转变体现在博物馆的方方面面。二十世纪及之前的博物馆，在建筑外观上多以严肃的、装饰繁缛的仿宫殿城堡式样为主。这里既有历史的原因，也与二十世纪博物馆的特征紧密相连。而新世纪以来，新型的博物馆在建筑上更加注重"地标化"，造型上不再局限于单纯的"高大上"，而是能够让公众更容易接近和享受。在博物馆的收藏策略上，二十世纪一味地追求"国宝级""重量级"藏品的思路，如今客观上既难以实现和复制，也没有追求的必要。如今，博物馆需要更多地将目光集中在当下，关注公众，关注社区，甚至关注家庭的记忆（详见第五章）。

因此，二十一世纪的博物馆，不再是高冷和严肃的学术场所，而是能够走出象牙塔，可以深入浅出、带有前瞻性地传播知识与学术；二十一世纪的博物馆不再是单纯的、孤傲的艺术科学殿堂，而是能够给观众带来一种温和、亲切的典雅，能够让观众怀着对文化的尊重和亲和走进博物馆；二十一世纪的博物馆不再是"霸道""权威"的知识宝库，而是能够让公众可以结合时事去寻找权威的话语权和讨论焦点、热点的论坛；二十一世纪的博物馆不再是庄重严肃的公众教育场所，而是能够通过更加接地气的知识与对话来为观众带来学习的愉悦。

再回到本章第四节提到的那份"二十一世纪的ROM：博物馆战略规划方向"的报告，ROM是如何描绘博物馆未来的呢？如果依照我们新的办馆宗旨成功地执行了我们的运营管理策略（包括藏品管理策略、展览策略、教育活动策略、公众体验策略等等），并履行了我们在各岗位的责任和义务，那么十年以后也就是到了2028年，ROM应该是什么样的呢？

我们希望十年以后，ROM会成为一个富有特色的二十一世纪博物馆；一个可以扩展传统知识界限，用富有创新的方法传播这些知识，并将艺术、文化和自然科学的综合交叉知识与公众的兴趣关联起来的博物馆。

我们希望十年以后，ROM会成为加拿大最重要、最刺激的民众生活和文化生活的核心基地；我们希望通过我们的艺术、文化和自然科学的收藏，可以吸引来自不同文化背景的人群一起在博物馆里探索、分享和讨论那些可以改变我们世界的理想。

我们希望十年以后，ROM会成为世界上独一无二的，走在最前沿的艺术、文化和自然科学的综合性博物馆。我们希望在这样的博物馆里，人们可以体验创造知识、分享收藏乐趣、感受领英风骚、评价博物馆发展历程。

我想，这不仅仅是ROM的目标，也应该是许许多多博物馆的共同目标。有了这样的目标，我们才会朝着这个方向去改变我们的传统理念，改变博物馆的传统实践，改变人们对博物馆的传统看法。这就是我想谈论的博物馆的思变、求变和转变的缘由。

2

二谈

博物馆的灵魂:

谁是curator

上一章提到，在2018年10月的ROM董事会上，白杰慎馆长给董事会成员做了"二十一世纪的ROM：博物馆战略规划方向"的报告。报告之后，他强调："为了能够达到这个目标，博物馆必须提供一切保障让curator能够执行和完成这些战略性工作。"他提到"curators are the key players of these strategies, they are the backbone of the museum"。Backbone是背脊，所以，ROM的现任馆长认为，curator是博物馆的中坚，有了他们，博物馆才能撑得起来。我认为，curator是博物馆的灵魂。

那么，谁是curator？是中文语境中的策展人吗？

有人将curator译成策展人，目前在国内博物馆界，对策展人和策展人制度讨论也比较热烈。一种观点认为，"策展人"一词的运用在国内已经成为一种比较普遍的态势，因此承认策展人这一概念是顺应时代发展的可取选择[1]。另一种观点则认为，中西方背景下的策展人在财政、管理等方面存在制度性差异，因此是否在国内推行策展人仍然有待商榷[2]。在此，我不再赘述这些背景和观点。但是我个人的看法是，在博物馆界开始大力提倡和讨论策展人制度的同时，几乎很少有人认真地讨论过策展人在博物馆发展进程中的作用和职责。难道博物馆的策展人仅仅就是展览策划吗？

现在业界人士好像对策展人这个光环特别艳羡，认为策展人是博物馆一个高大上的岗位和职称，像是个可以抛头露面的决策者、"网红"，各级博物馆领导似乎都可以兼任一下，这是个很大的误解。其实"策展人"这个名词在当下如此高频率使用之前，中国的博物馆早就有类似职责和作用的岗位。而所谓的"策展人"，实际是从商业展览，特别是当代艺术展览的运作中套用来的。另一方面，近些年来，国内外博物馆频繁地进行深度交流，对"curator"这个称谓的翻译不同，也使得国内对"策展人"概念理解混乱。

在讨论策展人在博物馆的职责和作用之前，我先说说curator在翻译上的尴尬。

1　李慧君：《关于将"curator"统一翻译为"策展人"的建议》，《中国博物馆》2018年第4期。

2　史明立：《中西方博物馆策展人（curator）制度浅析》，《中国博物馆》2018年第4期。

名片上的尴尬

在1997年入职ROM之前，我的理想是成为一名大学教授。后来我发现博物馆的工作也不错。当然，彼时恰逢北美经济衰退，教职位置不多，工作并不好找。所以，能找到博物馆的工作就算蛮不错的，轮不到我去"挑三拣四"。在应聘的时候，我发现博物馆里对研究中国古代文化的专业岗位的要求条件，与大学里对教授中国考古学研究的要求相差无几。所不同的是，大学需要进行基础课的教学，而博物馆需要去管理藏品和举办展览。然而我发现，这两种职位的称谓是不一样的，在大学中叫professor，就是我们所熟知的"教授"，而在博物馆中则是叫curator。因为在此之前，我并没有任何博物馆实习的工作经验，也不是艺术史专业出身，所以这是我第一次听说"curator"这个词。最初，我的理解是，这就是在博物馆工作的教授吧。因为在我的博士论文答辩委员会中，就有一位来自ROM的考古学家彼得·斯道克（Peter Stock），他名片上的称谓就是curator。

入职之后，我名片上的称谓是Curator of Chinese Art and Archaeology。那时，名片上还不太流行标注双语，所以我也没有正式翻译curator，更不会想到"策展人"这个词。至少在当时，我感到"策展人"这个称谓离我十分遥远。

由于名片上没有职称的翻译，尴尬的情景很快就暴露了出来。二十世纪九十年代末，和国内的电子邮件往来还不畅通，更没有QQ和微信，工作上的交流还要靠信件来往。不止一次，我收到一些国内博物馆同行来函，信封上和信笺抬头上，赫然写着一句：沈辰馆长。作为一名刚刚入行不久的curator，因为名片上没有合适的中文翻译，所以摇身一变成了博物馆"馆长"。估计那个时候，国内博物馆的同行还不知道ROM是个什么级别的博物馆，如果知道它可以和大英博物馆或大都会艺术博物馆等量齐观的话，估计来信的朋友们就会更加"谨慎"一些，不会将"curator"径直翻译成"馆长"吧。

这当然不能怪国内的朋友们，curator本来就不是一个常见的词。在经典的英汉大字典和网络上比较流行的金山词霸里，对curator的解释是一样的：

（图书馆等的）馆长；监护人；管理者；<英>（大学）学监，校董会中的财务保管员。

要说curator就是"馆长"，在十八、十九世纪的博物馆中还真是正确的。在西方博物馆和图书馆方兴未艾之际，那个负责图书、文件、器物、标本的整理、分类、保管、典藏、研究和出版的人，就是curator。一个人，十八般武艺样样精通，再带上几个助手，自然也就是馆长了。因此，这个词就在《牛津词典》上一直用到了现在。按照这个定义，我常常会在讲座的时候开个玩笑，说乾隆皇帝实际上是十八世纪故宫博物院的第一任院长，因为他和他的爷爷康熙、老爸雍正不一样的地方在于，乾隆不仅仅收藏，还进行分类、编目、陈列以及出版等。他命人将清内府有关佛教、道教的书画藏品整理编撰了《秘殿珠林》，将书画收藏编撰了《石渠宝笈》，青铜器编写了"西清四鉴"，在《是一是二图》中表现了他的鉴赏和陈列。

后来，西方博物馆和图书馆的curator下面渐渐设立几个职能部门，分管不同类别的图书、器物或标本，或按不同文化区域来单独研究，这些部门负责人就是"keeper"。Keeper，顾名思义就是把部门中的奇珍异宝给照顾好了，是部门的管家。当专业部门慢慢壮大之后，keeper就开始招兵买马，一个部门中又有了不同的分工：专门研究的人，专门做文物保护的人，专门做登记典藏的人，专门做文物保管的人。如今，大英博物馆下面的藏品部门负责人，如亚洲部的负责人，仍叫keeper。结合国内的称谓习惯，我们可以把它翻译成"亚洲部主任"。

ROM远东部最早的负责人是怀履光（图2.1），他当时在博物馆的头衔就是keeper。但是现在，北美博物馆基本上取消了keeper这个称谓，却保留了curator。这是因为，博物馆研究领域在不断扩大，负责不同藏品的研究、典藏、展示的类别与部门越来越多，所以curator也就成了专业部门中全方位负责藏品的研究人员。如今的《柯林斯高阶英汉双解学习词典》里对curator的解释是：A curator is someone who is in charge of the objects or works of art in a museum or art gallery（curator是博物馆或美术馆中全面负责藏品或艺术品的人）。这一描述应该是准确无误的了。但是，该词典里的中文解释就"走样"了："（博物馆或美术馆的）馆长，负责人。"《金山词霸》上还引用了几句权威例句：

- Peter Forey is curator of fossil fishes at the Natural History Museum.

  彼得·福雷是自然历史博物馆鱼类化石展厅的负责人。

- The curator conducted us round the museum.

  馆长带领我们在博物馆各处参观。

- Curator conducted the visitors round the museum.

  馆长领着游客们在博物馆中参观。

这里的第一句似乎还说得过去，但是后两句只能在二十世纪八十年代之前的语境下才有成立的可能。到了二十世纪中叶以后，curator基本上不能再翻译成为"馆长"了。馆长的普遍称谓是"Director"，或"President"。当然，馆长如果有学科专业背景的，本身还可以兼具curator这种专业身份。

1996年3月，在ROM给我的录取通知书上签字的馆长是约翰·马克尼尔（John McNill）博士，他是植物学领域中的著名学者，是ROM植物学部的curator，是ROM历史上最后一位从本馆中的curator

图2.1：ROM远东部怀履光主教（Bishop William C. White，1873—1960年）。怀氏作为一名年轻传教士来到中国，后来成为圣公会河南教区的主教。从1910年起久居开封，且与文化界人士有深度交往，怀履光深深爱上了中国历史与文化。作为主教，他服务的中原地区自古就是中华文化的发祥地，珍贵的地下文物也常因农作、基建、盗墓等各种原因曝光于众，怀履光认为自己有责任保存人类共同的文化遗产。1934年怀履光60岁，退休回到了多伦多，成为ROM远东部的keeper，同时在多伦多大学成立了"中国学"专业并兼任首任系主任。

里竞选出来做馆长的。也就是说，在ROM早期的八十多年中，馆长一直都是从内部的curator中经由董事会的挑选而产生的。但是，到了我正式入职的1997年，ROM开始了第一次馆外招聘馆长，并从馆外招聘到了一位只有博物馆管理工作经历，但是没有专业研究专长的馆长，从此揭开了ROM转型改革的历程。2000年后，接替上述这位馆长的，是多伦多本地的、原加拿大《环球邮报》加东地区总编威廉·托塞尔（William Thorsell）先生。他的继任是来自澳大利亚国立博物馆的珍妮特·卡丁（Janet Carding）。他们都不是从curator中走上来的。ROM目前的这位白杰慎馆长，虽然长期在博物馆高层中从事管理工作，且在哈佛大学商学院深造了MBA学位，但是他早年攻读的是波士顿大学的艺术史专业，并在波士顿艺术博物馆做过几年的curator。因此，与之前的三任馆长相比，他本人对curator在博物馆的作用和责任了解得更多一些。

为了明确我名片上的"curator"职称不是"馆长"，不让朋友觉得我在"沽名钓誉"，所以必然要在名片上印上双语。可能我是ROM历史上第一个要求博物馆给我的名片上增加另一个语种的员工。博物馆的服务人员并不知道该怎么弄，也没有相关的中文软件可以操作。因此我只好自己动手，在电脑上设计了名片背面的中文格式，交给博物馆去合成印刷。

做这件事最主要的目的在于，要让国内的同行知道我在ROM是干什么的。到底该如何描述curator呢？我是这样想的：首先，我是博物馆中的考古学者，会下田野进行考古发掘。在我刚上班的第三个月时，就到陕西洛南和我武汉大学的同班同学王社江共同发掘旧石器时代的猿人洞穴遗址（后成为国家重点文物保护单位，1998年全国十大考古发现）。在博物馆内，我做考古学研究和教学，写论文。这样一看，我好像和国内博物馆中的考古学家所做的事情是一样的，就像上海博物馆、南京博物院、湖北省博物馆中做考古研究的同行一样。他们的称谓是"研究员"，所以我自然而然就把我的"curator"翻译成"研究员"，故我名片上的中文称谓就是"中国考古与艺术研究员"了。

不久之后，我在ROM除了继续从事中国旧石器考古学研究之外，也开始了筹办展览、规划展厅、整理文物等工作。当时国内博物馆还是按早期的体系，分为陈列部、保管部、宣教部三大部门。陈列部主管展览，保管部主管文物典藏，各司其职。在这两个部门里的同行的职称和在野外发掘、从事考古发掘研究的同事还不一样，他们的职称是"研究馆员"。说实在话，那时在我和国内、国外博物馆同行交流的过程中，还没有讨论、甚至听说过"策展人"这个概念。

十几年前的自己有点孤陋寡闻，这和我的研究背景也有关系。在进入ROM工作之前，我没有在博物馆正式工作、实习过。此前十多年的学习生涯中，我接触的都是考古学和人类学，很少接触到艺术类和艺术史学科。对有艺术史背景的同行们来说，做展览才是他们从事研究的重要目的，策展才是他们的工作重点。所以，当在艺术博物馆里有艺术史背景的同行们对curator的理解基本上已经十分贴近今天"策展人"概念的时候，我还在懵懵懂懂地认为博物馆的curator就是一边做展览一边做研究的"研究员"而已。

就在我绞尽脑汁来表达我这个curator的称谓该如何让国内博物馆同行理解的时候，我们国内的同行到了多伦多访问，他们的名片却把我在ROM的同事弄懵了。

在博物馆工作，不管是在考古所还是民族所、陈列部还是保管部、工艺部还是书画部，只要是博物馆的专业人员，特别是具有博士学位的、从事某一领域研究的同行，在ROM的同事看来，应该都是curator。但是中国同行的名片上翻译的却是professor、research professor、research fellow、fellow等等好几种说法。将研究员翻译成 research fellow或 fellow，在西方语境下却是实习生级别的研究人员。因此，彼时国内博物馆的资深研究人员到访ROM时，要么把自己调整到了大学的序列，要么无意中降低了自己的身份。总之，在十几年前，中国博物馆界对于西方博物馆中最重要的一个称谓——curator，还没有什么了解。

不过，有一件事让我特别惊讶并且记忆犹新。2003年，在多伦多接待已故的上海博物馆前副馆长、著名青铜器专家李朝远先生的时候，他给我的名片上赫然写着"curator"！这是我第一次见到国内博物馆同行用这个英文单词表明和西方博物馆同行相同的身份。

时至今日，这个尴尬其实还没有完全消除。我们在海外博物馆工作的curator还是没有能够明确地把它翻译成国内博物馆相对应的称谓，国内有些博物馆同行的名片上的英文翻译还是那么随心所欲——从教授到实习生都有。如此来看，当下所时兴的这个"策展人"的叫法，倒是让人耳目一新，别开生面。至少给中外博物馆的同行找到一个可以交叉的工作范畴。

但是curator是不是就能直接翻译成"策展人"呢？我认为，这取决于你要用在哪个领域。因为博物馆里有curator，上海世博会有curator，佳士得、苏富比拍卖行有curator，北京798画廊也有curator，上海当代艺术中心（Shanghai Power Station）更是有curator……所以，对于拍卖行、画廊、艺术中心等场景来说，将curator直接翻译成"策展人"是绝对没有问题的。

然而，我在这里讨论的不是拍卖行、画廊、艺术中心的curator，而是要挑起二十一世纪博物馆精神重担的curator。这个重担不是一个"策展人"的翻译就能解读的。

既然我是ROM这个迈向二十一世纪博物馆的curator，我的名分就不是一个"策展人"的翻译名词可以替代的，虽然我一直在做而且继续要做很重要的策展工作。但是，我的名片上还是不会将curator翻译成"策展人"。

两份招聘公示的差别

博物馆招聘curator，是博物馆的一件头等大事。别的部门招聘员工，一般部门主管就可以做主，但是招聘curator必然由馆长和主管副馆长牵头主持，而且一般还要有行业里的猎头公司来协助。招聘的过程会长达一年到一年半，其中前三分之一的时间是先在内部确定该curator岗位的职责。为了更好理解博物馆对curator的责任要求和期待，我介绍一下ROM的招聘启事。

2018年ROM招聘了一位日本艺术和文化的curator，下面是白杰慎馆长向社会发布的新闻稿中的一部分，表达了博物馆对这位新招聘的日本艺术和文化

curator在未来建设二十一世纪的ROM进程中所能发挥的作用。我先用英文原文抄录如下，然后再稍作解释：

> We are pleased to announce the appointment of Dr. Rosina Buckland as Bishop White Committee Curator of Japanese Art & Culture. Dr. Buckland will be responsible for developing and implementing strategy to build, manage, and interpret the ROM's world-class collection of Japanese art and culture, the largest collection of its kind in Canada. In this role, Dr. Buckland will lead strategic acquisitions and advance original scholarly research. Her responsibilities also include developing public programs, exhibitions, and initiatives that foster greater engagement with the public and building deeper connections with the Japanese community in Ontario and across Canada.

经过了九个月的全球海选，再通过三次视频面试和最后一次现场面试，在数十名应聘者中，ROM成功地从苏格兰国家博物馆挖到罗西娜·巴克兰（Rosina Buckland）博士，成为我们日本艺术和文化的curator。上面的公告中说巴克兰博士加盟ROM团队，适逢博物馆的转型发展时期，可以更好地为博物馆实现其为本土和全球的公众提供有意义、有影响并接地气的艺术、文化和自然历史的展览与活动的宗旨做出贡献。当然，上文中更重要的一句话是："巴克兰博士将全面负责ROM享誉全球暨加拿大最大的日本艺术和文化藏品的收藏、管理和诠释策略的制定与实施。"接下来的两句话，更是具体完整地表达了ROM对这位未来的日本艺术和文化的curator的期待和要求："在这个职位上，巴克兰博士将会有策略性地规划日本艺术品的收藏，并进一步推进原创性的学术研究。她的职责还包括制定以公众参与性为目标的博物馆活动、展览和藏品拓展事务，以及建立并深化与安大略省及加拿大各地的日本社区之间的友好关系。"

这个职位在向全球招聘的时候，招聘公示全面、仔细地列举了如下内容：（1）候选人的资格和条件、学术和工作背景（qualifications）；（2）博物馆的期待和要求（expectations）；（3）本岗位的职责（duties and responsibilities）；
（4）个性和特性。其中第二条中详细列举了ROM对这个岗位的要求：

● 负责整理、研究、展示ROM的日本艺术与文化藏品和制定日本藏品的收藏管理的新方向。

● 在其研究领域内对博物馆馆藏文物领衔研究，并协调外来访问研究人员开展藏品研究。

● 参与常设展厅的轮替展示以及特别展览的策划。

● 积极开展有外部基金会支持的原创性学术研究课题并发表专著，课题最好是和ROM的藏品和展品相关。

● 积极参与博物馆的各项公众活动的筹划，包括线上和线下。

● 制定和参与与多伦多地区和加拿大的各种日裔社区的交流。

● 积极参与ROM日本藏品和日本艺术与文化相关活动所需的基金筹款活动。

● 以博物馆宗旨为准绳，在大学中参与教学工作并指导研究生和实习生。

● 配合图书馆开展对日本古籍善本的征集和保护工作，以及进一步发展与日本藏品相关的图书资源。

● 需要有卓越的英文口语表达和写作能力。

从中不难看出，日本艺术和文化的藏品研究和展览策划仅仅是其工作重点的一个部分，而不是全部。这个curator岗位的职责更强调的是博物馆与公众和社区的关联和互动，让curator的研究与传播更能接近大众。这也是新时代背景下博物馆对curator提出的新挑战。这份招聘公示真正代表了当下博物馆在持续发展的过程中对curator的专业要求。只有这些curator完成了既定任务，博物馆才有可能达到其宗旨与目标。所以说，从招聘的那一刻开始，curator就已经是博物馆的核心人物了，而不仅仅是一位策展人。

在之前的章节里，我们讨论了二十一世纪博物馆的背景和目标，博物馆在转型前后对curator的职责和要求也相应会有所改变。二十多年前的ROM，招聘curator时可能更主要关注应聘者的学术研究能力，期待他们对博物馆的藏品做出前沿性的学术成果。博物馆希望打造出一个又一个学术明星。在学术研究的基础上，推出一个个展览和教育活动。当然，这样的研究和展览在今天仍然很重要，也是博物馆公众活动的基础。但是二十一世纪博物馆对curator的要求会更多，职责会向公众生活领域延展得更宽。换句话说，二十年前，ROM可以按照多伦多大学教授的标准来招聘curator，但是二十年后的今天，ROM就会更努力地招聘有充分博物馆工作经历的候选人，比如近两年成功吸引到来自大英博物馆和苏格兰国家博物馆的curator。

这里我们也可以比较一下ROM二十多年前，也就是1995年对中国考古与艺术curator的全球招聘。招聘公示中强调了需要有研究中国考古的资历和从事田野考古的能力，要求应聘者通过考古实践工作对博物馆馆藏中国文物进行重新诠释和展示。因为对展览和公众活动没有太多的强调，而我当时正是在多伦多大学人类学攻读博士学位的第四年，得知这个消息后，我也抱着试试看的心态，递交了申请材料。

那一年，ROM从35名申请人中选出5人来参与面试，最终是我获得了这个职位。我还清楚地记得，那天早上我还在用电话线上网，看到了我的导师加里·克劳福德（Gary Crawford）教授给我发的一封邮件，大意是要带我去一趟博物馆，因为博物馆的主管副馆长还想见我一次。那时已是四月初了，博物馆面试的日子已经过去了两周，我意料着"凶多吉少"，可能ROM不会给我提供这个正式的职位，我甚至还心存幻想"哪怕是临时的工作也好过于没有啊"。大约11点时，我们两人来到了ROM主管藏品和研究的副馆长办公室，看到戴维·彭德加斯特（David Pendergast）博士。他的笑容让我忐忑不安的心稍稍平稳了一点。随后他告诉我，招聘委员会全体投票，选择我作为博物馆过去三十年来第一次招聘的中国考古和艺术curator。当时他的一番话让我至今难忘，他说："我们聘请你来工作，不是想让你坐在办公桌后面，而是希望你投身到中国的田野考古中，从考古学的角度好好研究博物馆早年收藏的那些有考古文化内涵的中国古代文物，重新诠释和展示这些中国古代艺术与文化。"正是这句话，让我最初以为我到博物馆是来做研究员，而不是策展人。

比较这两次招聘，虽然两者对curator的研究背景的要求基本一样，但是二十多年前的博物馆更加强调藏品的研究，而今天却要求候选人有更多的博物馆参与公众活动的经历。如果现在这位日本艺术和文化curator职位的应聘者和我当年入职ROM时的背景一样，没有一天的博物馆工作经验和任何博物馆策展经历的话，那竞争力应该是非常小了。换句话说，二十多年前的我要是今天再来申请博物馆curator的岗位，就不会那么好运了。从这个角度也可以看出由于博物馆的转变，导致博物馆中的核心岗位职责的转变。

彼得的故事：学术和公众

上文提到ROM在招聘日本艺术和文化curator的公示中，对这一岗位未来职责的说明有一条是比较重要的，就是要"有策略性地规划日本艺术品的收藏，进一步推进原创性的学术研究"。所以，从博物馆发展宗旨的格局来说，招聘这位日本艺术和文化的curator，并不是招聘一位日本艺术策展人，而是对ROM的日本艺术和文化藏品的综合管理、运用、发展和深入研究负责的专业人员。换句话说，在未来的日子里，ROM的日本藏品在全球博物馆界的影响和声望（impact and reputation）就全要看这位巴克兰博士了[1]。

所以，具有综合藏品实力的博物馆，他们的curator就必须要对藏品竭尽全力地负责，对学术有创新立意的研究，对公众有深入浅出的普及意识和能力。

1996年3月，在我的求职面试会上，我的前辈、当时远东部（现改为东亚部）的

1　巴克兰博士现已转职到大英博物馆亚洲部任日本艺术senior curator，她在ROM的职位现由竹末明子博士接任。

负责人鲁克思（Klaas Ruitenbeek）博士就问我："如果你入职，之后会不会有兴趣针对这批中国文物藏品展开系统的考古学研究？"从我的简历上，鲁克思先生明白我一直在做近东和北美的史前考古研究，除了本科学习之外并没有中国考古研究的经历，也没有在博物馆研究中国藏品的经历。所以，仅仅因为"一职难求"的机会而回答一句"我愿意"就显得极为苍白。我需要向招募面试委员会表达的是，我有在这个位置上开展相关且全新领域（如中国汉代之前具有考古内涵的文物藏品）研究的能力和潜力。在海外学术界，对候选人在不同领域中的扩展能力极为重视。这是因为，如果一个人只在某一个领域内深入的话，学术研究的道路会越走越窄。对于博物馆而言，更是需要能在相关领域中融会贯通的"全才"。我当时能成功被录取的一个关键因素，就是我展示了我的求学经历，本科时期在武汉大学学习中国考古，到东北师范大学学习了近东考古（埃及考古和西亚考古等）、美国塔尔萨大学从事西亚旧石器考古硕士研究，再到多伦多大学完成加拿大农业起源考古研究的博士论文，这一系列既相关又不相连的学术课题，我都可以游刃有余地完成目标。所以，以我在北美学术研究得到的扎实训练为基础，我向委员会展示的不仅仅是"我愿意"，而是有能力完成"开展ROM中国早期历史文物藏品研究"的要求。

　　如今回头想想，我当时的确也有些"初生牛犊不怕虎"，竟做了一番"胡吹海侃"。没有想到的是，博物馆恰好认可了我。对博物馆学术研究而言，就是需要这种多学科交叉的研究基础。以藏品为中心、以为公众服务为己任，可以驾驭并不断调整自己研究方向的思路，合力开启了我今天的"成功模式"。之后，我也按照博物馆的期待和对自己的要求，一方面与国内考古同行开展旧石器考古和石器分析的合作研究，另一方面调换脑筋，重新开始，边学边干，进行系统的藏品研究并策划展览。后来，通过连续举办三星堆商代文化、兵马俑秦汉文化、明清紫禁城文化这三个主题展览，ROM开拓了和中国博物馆的一系列交流活动，并推广了ROM在中国的知名度，而这一切都需要一位有责任感的curator去完成。有时候，与我合作的从事旧石器考古的朋友，看到我发表一些关于商代、战国、汉代历史文物的论文，甚至是文物收藏史的文章，有点不太理解，特别是在我还"欠了"他们不少旧石器考古的文章时，就更会显得我"不务正业"。但其实，对博物馆而言，这不仅是"正儿八经"的正业，也是一名合格的curator需要做的事。

　　过去人们常说，在博物馆做就是要做成"万金油"。其实，这"万金油"也需要正确的理解。没有以藏品研究为基础的学术根基，是不靠谱的万金油，也不能被新时代的博物馆接受。博物馆需要的是有能力做到学术创新，同时又可以走出象牙塔、开拓研究领域的专业研究人员。像我这样的"万金油"在ROM并不少。以研究北美原住民文化为主的肯·利斯特（Ken Lister）完美主持了"文身"展览，他在准备工作开始前曾对我说："你真是让我赶鸭子上架了，我可不懂什么文身啊！"以研究印度摄影史和影视图片史为主的迪帕利·德万（Deepali Dewan）博士策划了南亚古代文化孔雀王国的展览；从事南美秘鲁考古的考古学家贾斯汀·詹宁斯（Justin Jennings）博士也负责过2012年玛雅文化的大展，等等。

　　在ROM，自然历史学科类的curator基本都是各个学科的博士，艺术和文化类curator的学术背景主要是考古学、人类学、历史学和艺术史学。ROM早年作为多伦多大学博物馆的一部分时，就包含了考古博物馆，并一直都非常注重古典文明地区的考古。我的前辈中，有做伊朗考古、埃及考古、约旦考古、希腊考古、玛雅考古、美国及加拿大考古等等的学者。直到二十世纪九十年代中国考古开始对外开放合作之后，博物馆才借了这个"东风"，指定要求招聘一名中国考古学的curator，我才因此成了幸运儿。

　　目前在ROM有人类学背景的curator，从事着北美土著居民文化的研究、非洲文化研究和亚洲太平洋文化研究等领域。ROM有研究民族传统和现代服饰与纺织品的学者，也有以艺术史研究为背景，来研究欧洲、北美洲、亚洲的绘画、雕塑和装饰艺术的学者。每个文化领域、每个学科领域，ROM都有一位curator来负责，他们都是各自领域内的专家、研究员、教授和策展人（图2.2）。我常常对国内文博专业的同学们说，像ROM这样的综合性研究型博物馆，虽然在招聘curator的时候需要博士学位，但并不会录取一位"博物馆学"专业的博士。因为对ROM来说，博物馆学专业的博士所研究的领域是与博物馆学科发展方向有关的理论研究，他们更适合在大学校园里做学者，为博物馆培养下一代的从业实践人员。虽然不会成为博物馆的curator，但也有可能成为未来的博物馆馆长。

图2.2：ROM纺织部的curator通过系统合作研究，将ROM系统收藏的墨西哥纺织艺术品推出新展"墨西哥：服饰和文化"（viva Mexico: Clothing and Culture），同时curator也在多伦多大学授课并出版专著。

在这里，我有必要明确一下博物馆的curator与大学教授之间的区别。对于后者而言，是高等学府、象牙塔中的学者，以最前沿、最深奥的学术理念，带领学生成为下一代的学术明星。而博物馆中的curator是通过策展、活动、传播，进而去面对公众、服务公众的。博物馆的curator虽然做的也是象牙塔的学问，但是必须要走出象牙塔，深入浅出地把自己的理论与学问传播给公众。从这个层面上说，博物馆的curator所承担的工作要比大学教授更具挑战性，也因此更有意思。大学教授面对的是18岁到30岁之间的本硕博学生，是这个领域的专业人才。而博物馆的curator要服务的对象却包括从幼儿园的小朋友到退休后的爷爷奶奶，有相关专业的知识分子，更多的则是毫无专业背景的男女老少。

当然，在这样的环境下，我也常常会因为一个课题无法深入研究下去而深深感到遗憾。有些课题明知可以百尺竿头更进一步，但也只能无可奈何地看它无疾而终。在博物馆工作的curator虽然无法像大学教授那样成为一个领域里的参天大树，但却有可能培育出一片森林。这片森林由一颗颗良木连贯成荫，而从树荫中获益的正是博物馆的观众。

如果博物馆能真正让公众从这片森林中获得益处，就需要博物馆的curator能够"接地气"地传播他们的学术。记得我到博物馆工作的头两年，我受邀到博物馆组织的一系列公众活动中做学术报告。当时，我的讲座内容多围绕我的博士论文展开，也就是史前时期的石器微痕分析，以及石器生产在农业社会早期中的作用。多年以后，我碰到几位当时听过我报告的朋友，发现他们根本没有听懂，等我再解释给他们听的时候，他们才恍然大悟，并表示"这些内容是很有意思的发现"。可见，相同的内容，拿到考古学年会上做的学术报告和在博物馆对公众做的普及讲座，是绝对不能用同一格式、同一语言、同一个PPT的，但都应该由博物馆的同一个curator自己来做。所以，博物馆对curator的期待和大学对教授的期待是不一样的（虽然大学也要求教授上基础通识课）。

最后，我要讲一个彼得的故事。彼得·斯道克（Peter Stock）博士现在是ROM退休的curator。早年从密西根大学人类考古学专业博士毕业后，就一直在ROM从事安大略省的史前考古工作，专长石器研究，多年来在安省北部的荒野中寻找最早的人类踪迹。经过二十多年日复一日的田野工作，彼得终于在二十世纪九十年代初找到了距今约11500年的人类活动遗迹，这是安大略省，甚至可能是加拿大最早的"古人类移民"证据，那个时候还是加拿大的冰川时期。

1995年，当我还在多伦多大学攻读博士学位时，曾走进过他在ROM的办公室。我的导师克劳福德教授建议我邀请彼得作为我博士论文的指导和答辩三人导师组成员。此前，我曾听到别的同学在"八卦"他，说他"怪怪的，有些不近人情"，我的心里很是忐忑。但是，由于我的博士论文涉及安大略省史前考古的石器研究，与他的研究领域一致，因此自然绕不过他。当我走进他的办公室时，彼得正在整理分析那个由他发现的著名考古遗址（即Fisher Site）的石器。他的身边还有一个合作者，也是我的师兄，是多伦多大学人类学二十世纪八十年代毕业的学生，正在对遗址出土的石器做微痕分析。因为多年的风吹雨打，时年五十出头的彼得肤色黝红，在一缕缕银发的映衬下显得十分年轻、精干，不过大多时候都是一副典型的"皮笑肉不笑"的样子。彼得知道我的来意，不冷不热，闲聊了几句，就算是完成了我的"拜师"礼节。接下来就要给他看我博士论文的初稿了（图2.3）。

图2.3：退休多年后的彼得在作者的办公室里愉快地闲聊，桌上放的是彼得的新书《冰河时代之旅：发现古代世界》（陈虹拍摄）。

不出所料，彼得把我的初稿改得一塌糊涂，质问我的问题一大堆，让我的"玻璃心"碎了一地。在他的指导下，我第一次进入ROM的美洲考古部库房，去观摩和分析他的石器标本。被他"折磨"的一年多时间里，我不断在想，"等我毕业了就不再见他了"。谁知道，当我博士毕业之前确定被ROM录取后，他便开始向我"八卦"一些东亚部同事的琐事，彼得的幽默感顿时让他变得"萌萌哒"。之后，我们之间的交流也多了起来。当我把论文的最终稿——一摞300多页的打印纸送到他办公室的那天，屋外下着大雪。彼得接过我的论文，与平时一样，漫不经心地往他正在整理的石器标本箱边上一放。然后，盯着我看了半天，眼睛最后落到了我手里拿的雨伞，慢吞吞地说："原来和他们说的一样，你们中国人下雪的时候也要打雨伞啊。"我听得一愣："怎么，你们下雪天里不用伞？""No！" 彼得说得斩钉截铁。没想到，我竟然在这样的时刻跟他学到了一种多伦多的生活方式。以后，多伦多下雪的时候，我也不再打伞了。

当我把论文终稿留给他时，也感慨万千。一年之内，是他两次让答辩委员会推迟答辩，让我一再地修改。他在我论文的三稿、四稿中留下了无数斑斑的红字。这些文稿至今还保存在我的办公室里。他对我说："我知道你着急答辩，然后可以来博物馆上班，但是这事急不得。以后你就是我的同事了，我的这些东西（指石器标本）可能就交给你保管和研究了。"现在回想起来，没有他严格挑剔、吹毛求疵的要求，我的论文绝对不会达到后来被大家认可的水平。

现在我对学生有着一样的要求，不让提前答辩，吹毛求疵地修改，估计是得到了彼得的真传。

正是这样的一位俨如大学教授的ROM的curator，对我说了让我十分意外、但又终身受益的话。我入职未满一个月的一天，正坐在ROM空荡荡的办公室里，彼得晃晃悠悠地走了进来。开始的闲聊我有些模糊了，大概就是告诉我他决定退休了，他把最早的安大略省古人类遗址找到了，遗址报告、石器整理完成了，书出版了。他在安省北部以前工作过的小镇上买了房，准备定居下去，以后再来博物馆不方便了，云云。接着他话锋一转，认真地对我说：我们这些做研究的，一辈子花了纳税人不少的钱。我们申请来的课题基金、发掘经费，都是来自纳税人的钱包。我们有责任让他们知道我们都干了些什么。有时候纳税人的概念很空洞，但是当你在博物馆工作的时候，这个概念就具体了。他们就是我们博物馆的观众、我们博物馆的会员、我们博物馆的捐赠人。我们应该凭着良心好好把我们的工作告诉给我们的观众。他还说：我理解你现在为了评职称，会写大量同行评议的学术论文，但是你一定要抽点时间来给我们博物馆的观众写写你手头的工作，要写写新闻通讯（newsletters），也一定要给博物馆的会员杂志写点通俗文章。这些文章对你的学术职称没有什么帮助，但这是我们做学术的人对纳税人、对博物馆观众最基本的回报。

> 这就是我为什么一直写通讯笔记，每次发掘回来就写一篇，写了就给我们的博物馆捐赠人，给我们遗址上的房东和镇上的工作人员看看。这么多年写了那么多，我退休以后准备好好整理一下，做一本自传体的考古手记。

彼得的这番话，影响了我的职业生涯。当我第一次从洛南发掘回来之后，就写了一篇新闻通讯。此后，我也多次在博物馆会员的杂志上写一些文章（图2.4）。每当这些杂志印刷出来，我都会给彼得寄去。倒是自己发表的同行评议的学术论文，从来不给他寄。如今，我已经过了爬学术职称楼梯的关，不再执着于那些SCI的文章，便愈发觉得到那片森林中去栽培一棵无名小树似乎更有意义。

几年后，彼得考古手记的初稿送到了博物馆的出版部门，也因此送到了我的办

图2.4：ROM会员杂志Rotunda。作者遵循彼得的教诲，多年来坚持在上面给会员科普研究成果。这里发表的文章都会由编辑改编成通俗易懂的文字，让普通大众接受博物馆的前沿学科研究和展览。

公室，希望让我审稿并提提意见。似乎，这一次该轮到我"折磨折磨"他了，其实是希望让我从自身的角度与读者角度出发，帮助他把故事讲得更加精彩一点。这本书可以视为彼得，这位ROM北美考古学家的curator的真实写照。通过这本书，ROM的公众、博物馆的会员能够有机会真正了解一位博物馆curator的一生究竟做了些什么、想了些什么，以及为什么博物馆的研究工作值得大家继续无条件地支持和爱护。

这本书的中文版《冰河时代之旅：发现古代世界》已经由浙江大学的陈虹教授和她的学生翻译完成，近期将由商务印书馆涵芬楼出版。在这里先剧透一下，他在楔子中这样写道：

在此复述的过往寻踪和见闻奇谈都源自我30多年的考古经历，令我开心的是，这是一段很长但尚未结束的职业生涯。虽然是自传体口吻，但它并没有结局，而更像是一个进展报告。而且，作为自传体，这只是一家之言，而非课本。本书记录的事情也只是对二十世纪六十年代中叶至今特定时段的反映，因此，我的故事只是整个考古历史的一小部分，仅是对于人类何时开始移居美洲大陆以及他们如何生存这两个问题长达数世纪探究历程的一小部分。尽管众多学者早就在研究这个问题，我只是一个后来者，但我相信自己所面临的问题或者说个人困惑，是所有想要学习并拓展知识的人都会遇到的。

这就是彼得，一位在ROM工作过30余年的curator。

从三星堆到兵马俑：curator 的策展

彼得作为博物馆的curator所做的这些工作更像是科研单位的研究员，或者国内博物馆中的"研究员"。但是，博物馆相关的北美考古和文化的陈展和特展，彼得也同样担负着策展人的责任和义务。彼得退休后，他主持策展的"安大略史前史"展厅仍是我常常光顾的地方。展厅中采用的石器制作和使用的图版，也是自传体《冰河时代之旅：发现古代世界》一书中的重要插图（图2.5）。

在一个综合性的研究型博物馆中，策展也是curator的一个重要职责与工作内容。只有当curator开始承担一个展览的时候，他才会真正具有了"策展人"的名分。但是在博物馆策展的并不是只有curator，而是一个策展团队。curator在主持策展工作的时候，是博物馆策展团队的核心人物，是灵魂。

如果说英语中的"curating an exhibition"可以翻译成"策展"，那么curator 就是策展人。在这样的语境中，博物馆的策展人和当代艺术业界中的独立策展人的概念可以说是一样的。他们都为打造出一个个有思想、有构架、有故事的展览而尽心竭力。

虽然两者有很多交叉职能，但是博物馆的策展人和当代艺术个展、群展、双年展的策展人仍在很多方面有显著差异。前者主要是让历史上的文物藏品通过展览的形式活起来，让观众通过文物藏品了解过去、理解当下；而后者主要是让艺术家的思想通过展示他们的艺术作品表达出来，让观众观赏艺术、认识艺术家。前者主要和博物馆的藏品打交道，策划出展览的思想；后者主要和当代艺术家打交道，反映艺术家的思想。

需要说明的是，当下在使用和讨论"策展人"这个概念的时候，更多是在当代艺术展览的策划语境中，它的含义要比上面的寥寥数语复杂得多。当代艺术策展人想要真实反映艺术家的思想绝非易事，因为策展人都有他们个人的视角，而艺术家自然也有自己的思想，不一定能通过策展人的展览如实充分地表达出来。

有时策展人会寻找合适的艺术家去表达自己的想法，并选择性地挑选他们的作品，以满足自己的期望和理论框架。一个合格的策展人，应该用客观和科学的态度去尝试把握艺术家的作品和思想，并反映艺术家的内在底蕴。从这个角度来说，博物馆策展人的职能与作用和当代艺术展的策展人是不能混为一谈的。我们在这里讨论的策展人仅限于博物馆的语境中。

1999年，我获得了加拿大社会科学国家研究基金的支持，开始和中国科学院古脊椎动物与古人类研究所合作，从事中国旧石器时代的考古研究。同年9月，我第一次来到四川成都，但此行却不是因为旧石器考古研究的课题，而是开启了我人生中的第一次策展。

彼时，作为ROM新入职的中国早期艺术和文化的curator，我的压力来自于如何为博物馆策划一个中国考古文化的大型展览。当我听说西雅图亚洲艺术博物馆的许杰博士和大都会艺术博物馆的孙志新博士（二人当时均是和我一样刚刚入职不久的博物馆curator）正在和四川商谈合作展览，我就开始与他们接洽，希望这场以三星堆考古文化为主的四川古代艺术展览在西雅图和纽约结束展示之后，能转道多伦多来作为第三站继续巡展。经过与国内相关负责人员的洽谈，这一想法获得了应允，我们欣然返回了多伦多。

不过，得到中方的应允只是合作刚刚开始的第一步，那个时候我还没有得到ROM的批准。虽然ROM鼓励具有中国考古专长的curator提出策划中国早期文化的展览，但是博物馆需要我回答——为什么要办三星堆文化的展览？做出策

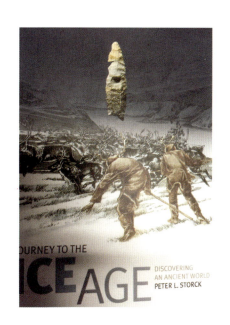

图2.5：《冰河时代之旅：发现古代世界》封面。书中凝集了彼得作为ROM curator的一半职业生涯和他对考古事业的追求。

划提案，并向博物馆方面解释策展的理由，这是作为策展人的博物馆curator要做的第一件事。只有做好了这项工作，博物馆的馆长和董事会才会审核并最终通过这个展览的提案，之后我们才能与中国国家文物局和四川省文物局签署协议书。不然的话，就算四川省的考古同行也希望推动这个合作展览，我们也只能以"抱歉地通知您"来答复了。

在举办三星堆及四川古代文化展览之前，ROM只和中国政府正式合作举办过一次展览，即1974年举办的"中华人民共和国考古出土文物展"。这是1949年以来，中国和西方各国关系恢复正常后赴北美巡展的第一站，并随后前往华盛顿的国家美术馆和美国华裔集聚的旧金山亚洲艺术博物馆展出。当年，曾主持该中国展览的芭芭拉·史蒂文（Barbara Steven）和许进雄博士在我入职的时候刚刚退休，后来谈及此事，都说这在当时的多伦多是件了不起的盛事，对博物馆来说也是永久的记忆。遗憾的是，博物馆此后再也没有和中国的文化机构联合举办过大型的文物展览。所以，在谈及为什么举办三星堆文化主题展览时，我首先提到的一个理由，就是基于博物馆收藏的中国文物的重要地位和自二十世纪八十年代后大量中国移民定居多伦多这样的背景展开的。在世纪之交，举办中国古代文物展具备天时、地利、人和的条件。

那么，为什么会选中三星堆文物展呢？并不仅仅因为三星堆是二十世纪中国考古的重大发现，而是因为展览的两位美国策展人同行对中国青铜文化的学术研究造诣深厚。孙志新博士和许杰博士都是普林斯顿大学艺术史的高才生，均师承美国著名的中国青铜文化艺术研究者贝德利（Robert Bagley）教授。由贝德利教授和他的学生研究并撰写的展览图录，保障展览具有很高的学术含金量。我们ROM可以作为北美巡展的最后一站，这样既能充分准备展览提案，还能增加与美国著名博物馆合作的机会。这是我当时"投机取巧"的动机。

但是，作为ROM的策展人，对于这种引进非原创展览的行为（许杰博士应是该展览的原创策展人），我在给博物馆的报告中提出了这样一个关键问题：我们的展览能和西雅图、纽约做得不一样吗？我们怎么能做出展览的特点？要做出有本土特色的展览，就应该立足于本博物馆的藏品和观众。我首先考虑的是藏品差异，ROM的中国藏品中有丰富的中原殷墟商文化文物。当年怀履光和明义士在安阳和开封一带，为博物馆入藏了丰富的殷墟文物。如果广汉三星堆的发现代表了某种局限于四川盆地的神秘青铜文明，那么如何给加拿大观众解释这种文化是"与众不同"的呢？三星堆文化和同时代的殷墟文化为什么不一样？哪里不一样？对加拿大观众，甚至对许多华裔观众来说，其实都是没有感性认识的。所以，如果我们可以把ROM收藏的殷墟文物作为展览的一部分加进去，让观众自己去感性地认识到三千多年前中原和四川盆地的文明是怎样独立发展但又相互关联的，那么我们的三星堆展览，不仅将深化对ROM收藏的安阳殷墟文物的研究，同时更是对展览的整体思想——三星堆文物的神秘性——的再度升华。这是我们当时对这个由美国引进的中国展览进行重新策展的新思路（图2.6）。后来，与四川博物院和三星堆博物馆合作的"千古遗珍：三星堆和四川古代文化"特展于2002年6月在ROM开幕。

从这个例子中至少可以说明两件事。一是博物馆可以引进相同主题的展览，不用担心同类展览是否已经在其他博物馆举办过。但是，博物馆的策展人要认真考虑，同一个展览如何在本博物馆中进行不同的策划，如何从不同角度提升展览的思想，让展览本土化！例如，ROM与南京博物院和金沙遗址博物馆之间的合作就是一次成功的典范。2016年，ROM的埃及文物分别到南京博物院和金沙遗址博物馆进行展览，南京博物院举办了"法老·王"展览，金沙遗址博物馆举办了"古埃及：法老与神的世界"展览。两个博物馆面对同一批ROM的埃及文物，却依据各自的特点，阐述了不同的故事。在南京，展览突出了埃及法老和汉代诸侯王在宇宙观、生死观和宗教观方面的对比（图2.7）；而在成都，策展人强调了古代埃及人和古蜀人对太阳崇拜的共同性（图2.8）。

二是无论原创的还是引进的展览，博物馆策展人都应该针对本馆藏品的特点和强项来策划展览。博物馆的核心是藏品，作为对藏品负责的策展人，必然应该完善从藏品研究到陈列展示的全过程。只有建立在藏品研究的

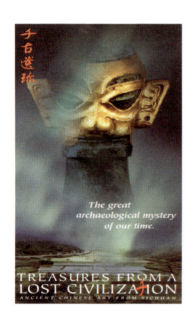

图2.6：2002年ROM举办"千古遗珍：三星堆和四川古代文化"展览的宣传海报（图片由ROM提供）

基础上，才能凝炼出展览思想。所以说，博物馆的策展人首先应该是一个学术专业的研究人员，然后才能成为一个展览的灵魂。他们在策划展览之前，首先要对展览涉及的文物做深入研究，才能提炼出展览需要传达的文化表意。

如果一个展览牵涉的研究领域比较宽广，一个策展人的研究显得力不从心，这就需要博物馆策展人的合力。2014年ROM举办的"紫垣撷珍——故宫博物院藏明清宫廷生活文物展"，我就得到了两位curator同事的鼎力相助。一位是专研中国书画的郑文倩博士，另一位是研究东方纺织品和服饰的萨拉·菲（Sarah Fee）博士。正是这两位策展人的专业帮助，ROM的故宫文物展览不仅在宫廷生活文物的展示上独树一帜，更在书画和服饰两方面内容的解读上大放异彩，成为ROM故宫文物展览的一大特色（图2.9）。由于两位的加盟，博物馆展览的策划不再仅仅是一个策展人的行为，而是组成了一个策展团队。同样的例子不胜枚举，例如，萨拉·菲博士目前正在主导策划的"印度洋"展览，涉及的展览内容不再是印度洋上的纺织品之路（虽然这是展览提案的初衷），而是包括了植物生态的变迁、人口迁徙、气候变化、贸易文化等各类专业知识，所以这个展览的策展团队包括了不同专业领域的博物馆curator以及十几位大学教授和其他博物馆的curator。

当然，策展团队不仅仅就是几位策展人的合作研究而已，还要有一组专业人士从视觉艺术上把策展人的思想通过设计的形式传达给观众，包括展览设计师、灯光师、文物安装师、文保员、典藏员等。他们每一个人都有自己的专业，以他们的专业技能和敬业精神为展览服务。他们的才能是策展人不可取代的。也许在很久之前，一个博物馆的curator可以要求博物馆的工作人员对展览的展板、颜

图2.7：2016年南京博物院和ROM合作举办的"法老·王"展览，荣获2016年度全国博物馆十大陈列展览精品。

图2.8：2017年金沙遗址博物馆和ROM合作举办的"古埃及：法老与神的世界"展览（图片由金沙遗址博物馆提供）

色、展柜灯光、说明牌文字等等内容做出决断性意见，但是现在，在一个策展团队中，这种现象几乎是不可能存在的了。

有时候，我们有些年轻的策展人会对我抱怨，说设计师、灯光师太霸道，对策展人的意见一点都不听。我说，这里面不是"谁应该听谁"的问题——大家不是一个专业领域，怎么能让一个学考古专业的人去指导读设计专业的设计师在展览上的用色和布景呢？

但是，对策展团队而言，最重要的是一旦策展人提出的展览中心思想和核心故事得到博物馆决策层的认可，并要求策展团队开始实施后，所有策展团队的成员，即设计师、灯光师、安装师、文保员等，都要围绕这个展览思想和主题开展他们的专业服务。他们个人和策展人的交流是为了更好地了解展览思想，并通过展览中的展品去了解展览需要表达的内容。策展人需

图2.9：2014年ROM和故宫博物院合作的"紫垣撷珍"展览一角

要通过不同的视角与策展团队成员沟通展览的核心内容，而不是跟他们解释展览中的文物"是什么""多古老"，更不是要求他们认可策展人对展览设计的喜好。

2010年我做陕西兵马俑展览的策展时，在开始阶段定下的展览基调是"荣耀之路：秦朝崛起之考古新视角"，讲述了一个小小封国如何一路走来完成统一大业，并最终建立了影响中国政体的秦帝国的故事。通过向策展团队反复介绍相关的历史和文化背景，设计师才能通过他们的才能实现这个主题的视觉效果。比如说，在前半部分反映战国时代乱世争雄的文物陈列时，给我意外惊喜的是平面设计师提出的使用七种不同的颜色展板来表达，而空间设计师则通过布局展柜来表达七雄霸业的气势。这一部分里的"乱中有序"直接和秦朝统一后的"单一、暗淡的黑色"做出了强烈的视觉对比（图2.10）。在讨论第三部分汉代文化的设计中，平面设计师为了在颜色上体现第一部分多彩和第二部分黑暗的对比，认为第三

图2.10：2010年ROM和陕西省文物交流中心合作的"兵马俑和秦汉文明"展览。设计师用七种不同的颜色表达秦统一前的战国时代（图片由ROM提供）。

部分中和谐的汉代社会应该用明亮的背景，所以在讨论会上提出，要使用淡绿色调。我听了之后差一点"晕倒"，很难想象我们的同胞在阅读汉代文化的时候，能把它和绿色联系起来。但是，对于没有中国文化背景知识的ROM设计师而言，却是完全按照设计艺术教科书来进行的。这个时候，作为策展人，我必须首先理解他需要使用淡绿色的原因。在这个基础上，我提出是否可以考虑不

图2.11：2010年ROM和陕西省文物交流中心合作的"兵马俑和秦汉文明"展览。设计师在和谐的汉代部分采用了浅黄色调的背景（图片由ROM提供）。

淡不深的土黄色。他问我"为什么是土黄色？"因为他认为这种颜色不如淡绿色明亮。为了解释这个问题，我反问："你看电影的时候看到了黄河吗？""看到了。""你在张艺谋的电影里看到黄土了吗？""看到了。"我说："黄土和黄河是汉文化的代表，是中国文化的一个颜色基调。"通过这番解释，他理解了土黄色对中国文化的意义，尊重了我的意见。但还是坚持要稍稍偏淡一点，因为这个汉代文物部分是用柔和的视觉因素来表现和谐社会的（图2.11），我也尊重了他的意见。对我来说，只要他能用陈列设计表达展览的主题思想，那么剩下的事就应该让专业的设计师去自己发挥。

所以，整个策展团队都是围绕策展人的策展思想来工作的，但同时又各司其职。策展团队的成员和策展人并不是上下级的行政关系，而是在敬业精神下的精诚合作。作为策展团队中的核心，策展人要求团队成员通过了解展品去深入理解展览的目标、展览的精神和展览的主题，而不是仅仅负责撰写展品说明的工作人员。策展人是博物馆展览的灵魂！

博物馆的灵魂: curator

博物馆中的策展，无论是原创还是引进，都需要我们从藏品入手，研究、理解、诠释，从而提炼文化象征、深化文化含义，再转化成展览思想。这一转化的过程，都必须由curator来完成。所以，博物馆的灵魂是curator，他们既是负责藏品的研究员，又是主持展览的策展人，两者不可分离，也不可相互取代。

前面我们用了不少具体实践的案例解释了博物馆curator的工作性质。如果需要理解为什么curator是博物馆的灵魂，我尝试着以我在ROM二十余年的工作经历来对curator的工作岗位职责做个综述。

第一，负责相关领域的常设展厅、展览以及与藏品有关的一切事物及研究。

相关领域就是该curator的本职研究领域，是该curator从事学术研究的领域。

curator应该和博物馆的设计策展团队，共同负责常设展厅的整体运行、临时改造与提升，策划并运行临时展览，发表和藏品有关的研究文章、展览图录和普及读物。作为负责展览的灵魂人物，curator在这个方面的职责，就是不折不扣的"策展人"。

比如一位curator是负责古印度艺术和文化藏品的，那么博物馆的南亚艺术和文化展厅的一切事务都是由这位curator负责策划并监督完成的。如果博物馆公众体验部同事希望能在印度和南亚艺术展厅中向公众提供一小段时间的瑜伽课，那么这个建议就一定要得到这位curator的认可和同意才能报审博物馆高层审批。同样，博物馆中任何与古希腊艺术文化有关的展览，古希腊文物的保护、藏品外借与典藏以及与古希腊文化相关的活动（包括讲座），都应该由一位古代希腊罗马艺术和文化curator指导博物馆的相关部门，如文保部、典藏部、设计部、媒体部等同事一同完成。如果中国的一家博物馆希望引进ROM的一项关于欧洲时尚的展览，那么纺织部的curator才是真正需要商谈的负责人。不少中国朋友知道我在ROM工作，并负责世界文化部门藏品的管理工作，认为我可以做出关于欧洲时尚展览的决定，其实是一种误会。只有在这位欧洲时尚curator对展览藏品的具体事项做出决定后，我才可以向其提出问题与修改意见。但是在此之前，博物馆任何行政管理人员既不会，也不能过早地干涉。

第二，相关领域的藏品征集、管理和研究。

在专业领域中，curator要常常对博物馆的艺术藏品做出整体规划和评估，认识博物馆藏品的强项和弱项，从而向博物馆提出该领域的藏品征集计划。

图2.12：作者和北京大学林梅村教授在 ROM 的库房进行藏品观察和探讨（郝春阳拍摄）

通过深入地研究和发布，博物馆的 curator 有责任将博物馆藏品的重要性告知世人，并不断提升藏品在该领域的知名度和认知度（图2.12）。这意味着要提升研究性藏品图录的重要性，提升其研究价值，而不能让图录仅仅局限于堆砌一两百张藏品照片。

征集什么样的藏品，什么时候征集都应该出自 curator 的征集策略（acquisition strategy），因为只有 curator 对该领域的藏品特点和需求最有发言权。curator 在规划未来多年内的一个或数个展览时，就会产生相应的征集策略。因此，也只有 curator 才能对博物馆的年度征集经费提出申请。藏品征集的申请报告，几乎可以视为一份藏品研究的小论文。

第三，从事相关学科的前沿研究并发表成果。

curator 的研究能力与大学教授是等同的，他们也有自己的研究领域。比如说，我在人类学专业的训练，让我后来可以从事中国的旧石器与人类起源的研究。博物馆一定要鼓励他们的 curator，通过同行评议的研究论文，成为同行业内的佼佼者，甚至是"明星学者"。博物馆需要我们的 curator 对社会关注的焦点问题提供权威的讨论和诠释。比如，全球气候变化问题、生态保护问题、社会变迁和城市化问题等等。这些自然学科和人文学科的研究在博物馆中可以转化为展览所要传播的思想，也可以成为博物馆各类公众活动的学术基础。总之，curator 必须从事他们专业领域中的前沿研究项目。比如说，现在所有的博物馆都知道，田野考古再也不可能给博物馆带来"新的"文物收藏，但是这并不影响博物馆鼓励和支持他们的 curator 继续从事田野考古工作。因为他们的研究，不仅仅能让博物馆中的考古学家持续保持各自研究所处领域的领先地位，而且他们的研究仍然可以对过去已经入藏的考古文物做出新的诠释。观众也可以在博物馆中不断地获得最权威的学术思想，重新认识藏品，了解过去。

第四，积极参与博物馆公共传播事务。

在curator的本职领域内，他们需要积极地引领和参与该藏品领域相关研究的普及推广活动。推广传播方式可以是在博物馆内做各项教育学习和公众项目（如讲座），或者通过传统媒体和新媒体推广博物馆的活动和研究成果。在我们的实践中，即使是在社交媒体和网络平台发表博物馆展览与活动信息，都需要curator一手把关，并审核核心内容，以保障信息的权威性。在此基础上，可以与媒体部的同事商榷，将内容消化得通俗一点，接地气一点。但是作为curator，不会在不知情的情况下任由博物馆的实习生们在社交媒体和自媒体上对藏品和展览进行任何形式的通俗表达，包括无端卖萌或者对文化艺术的庸俗化处理。

第五，与博物馆捐赠者和家庭培养感情，并保持友好联系。

虽然这个职责在国内博物馆行业中不太常见，但这的确是当代西方博物馆中越来越重要的一环。这不仅仅是因为西方博物馆在一定程度上依赖私人募捐的力量，更是因为私人收藏是博物馆文物征集的重要来源之一。正是因为博物馆的curator具有重要的地位和作用，因此，博物馆之友对curator的权威性解释和他们在学术圈中的地位普遍是十分崇敬的。虽然博物馆馆长和高层人员往往和这些捐赠者常来常往，但是这些社会精英和新贵更愿意和博物馆的curator见面、吃饭、相伴参观，并引以为豪。一方面，这是社会上对博物馆curator的尊重和认可；另一方面，对博物馆馆长来说，要想取得捐赠者的信任和支持，应该首先让捐赠者对博物馆的curator产生信任与尊敬。

所以，博物馆会要求curator积极参与博物馆的各项募捐晚会和各种见面会，也需要curator"主动出击"，和潜在的捐赠者保持友好关系。并不是每一名博物馆之友都会给博物馆带来即时回报，但是，一旦有回赠，也基本取决于他们和curator之间的长期友谊。比如说，数年前ROM收到一份1000万加币的遗嘱捐赠，来自于纽约的大收藏家安思远（Robert Ellsworth）的遗产。他在遗嘱中规定，在他身后大部分中国藏品将会拍卖，拍卖之后的款项大部分捐给六个博物馆用来支持他们的中国藏品建设与研究。ROM就是六个博物馆之一。

图2.13：2018年，ROM接受了印裔加拿大慈善家丹·米什拉（Dan Mishira）（中）捐赠的500万加币，支持ROM开展一系列南亚艺术和文化的事务和活动。左为ROM的南亚艺术和文化curator迪帕利·德万（Deepali Dewan），右为ROM馆长白杰慎（Josh Basseches）。

但在ROM的一些高层领导人还在为这个"天上掉下来的馅饼"不知所措时，我在一个行政会议上出面解惑：这是安思远先生在过去二三十年来和我们博物馆三代curator（包括我本人）之间长期稳固的个人友谊的结果。2018年初，一位从不在博物馆领域内做慈善的印裔加拿大成功人士，因为与我们的南亚艺术和文化的curator有过接触，并被她的南亚文化研究和她对博物馆的热爱所感动，所以仅在第一次和白杰慎馆长吃早餐的时候，就拍下了500万加币的捐赠，用来支持博物馆南亚艺术与文化的开拓事务（图2.13）。

所以，从某种程度上来说，仅凭这项职能就有理由认为，在当下的西方博物馆中，curator不仅仅是策展人、研究员，更是博物馆事务的核心。

第六，参与社区活动。

Curator不仅仅是"研究员""策展人"，也是博物馆对外的形象大使、发言人、社会活动家。就像上面说到的社会精英和新贵对curator的尊重与认可一样，社区团体和政府部门都喜欢和博物馆的curator直接沟通，以联络了解第一手资讯，从而制定、调整与博物馆之间的合作活动项目，达到互赢互利的效果。

这就要求博物馆的curator不能只埋头做学问、抬头做展览，他们必须要有一定的时间和精力走出博物馆，走向社会，参与社区活动，扩大博物馆的影响力。他们在社区的出现，不是个人行为，而是代表了博物馆的形象和立场，所以当他们拿到一张社区活动尊贵的VIP邀请券时，他们不能仅以组织者朋友的身份出席，而是需要和博物馆相关部门的同事与领导层共同商议，有策略性地出席，以达到博物馆在社区中影响力的最大化。

在ROM这样的博物馆里工作的curator，更是肩负了文化外交的责任。由于人类社会族裔的本性和多元文化社会的形成，博物馆因守护了不同文化区域的遗产和文物继而架设了沟通文化差异的桥梁。在大家常常讨论的流失海外的中国文物问题上，博物馆里中国文物的社会价值更是超越了其自身的艺术和历史价值。因此，对它们的阐述与评议，是在考验curator作为博物馆发言人的智慧。

担负有传播文化遗产价值观责任的curator，更是需要有洞观国际风云变幻的能力，从而能利用博物馆藏品、展览和活动，为相关社团提供讨论的平台和交流的媒介。博物馆在文化外交上成功地扮演了重要角色。二十世纪七十年代初，中国和西方大国关系开始解冻之后，"中华人民共和国考古出土文物展"就是作为文化外交的手段来到北美和欧洲进行巡展的。在1974年北美的巡展中，第一站就是多伦多的ROM，然后才是美国华盛顿的国家美术馆。这种安排就是在外交上认可了加拿大对中国在国际关系上的友好态度。在这些活动中，博物馆curator和中国代表的关系就代表了在当时国际形势下，加拿大政府和民众对中国在国际地位上的认可。ROM的curator在其本职的领域中，会和各国的外事机构与文化中心进行直接联系，并引发合作项目。比如，ROM缺少一位日本艺术和文化的curator时，日本驻多伦多总领事馆和ROM的联系会仅仅停留在礼节性的拜访层面上。有了巴克兰（Buckland）博士加入团队后，我们就会期待她能就具体合作事宜，如出境展览、文化官员到访、日裔社区、日本企业团体的活动，来和日本总领事馆开始紧密的联系。而事实证明确实如此，巴克兰博士入职之后不到三周，ROM就收到日本驻多伦多总领事的欢迎晚宴的请帖。此外，因为ROM的古希腊艺术和文化curator——保罗·丹尼斯（Paul Denis）的个人魅力和交际能力，ROM每年都得到希腊驻多伦多总领事馆的支持，并由他们出资邀请世界上著名的古希腊文化研究专家到博物馆做年度讲座。

第七，起到专业领域的领头作用。

博物馆的知名度和国际影响力，依托的是成功的、有影响力的展览与藏品研

图2.14：北美博物馆亚洲艺术curator协会（American Curators of Asian Art）成立于2009年，每年选择不同的博物馆轮流召开年会。从开始的30余人到十年后近百人。图为参加2017年5月在墨西哥市国家世界文化博物馆举办年会的curators。

图2.15：ROM和香港北山堂在多伦多合作主持了第6届中国艺术研讨会。图为ROM馆长白杰慎（Josh Basseches）向与会代表致欢迎词。

究，而能给博物馆带来有影响力的展览和藏品研究的，必然是博物馆里既有学术思想又有社会活动能力的curator。博物馆需要有明星学者，更需要有影响力的学术带头人。他们可以把同行业的curator和相关领域的知名学者带到自己的博物馆来，通过这些专业学者的学术传播，进一步提高博物馆的知名度。

像大都会艺术博物馆、大英博物馆和ROM这类研究型博物馆，都会鼓励和支持curator参与各种学术会议，加入和领导各种专业委员会。比如，ROM负责非洲艺术和文化的西尔维亚·福尔尼（Silvia Forni）博士是国际非洲艺术学会的主席，负责南亚艺术和文化的迪帕利·德万（Deepali Dewan）博士是北美南亚艺术研究协会的主席，并且成功在ROM举办了他们的年会。我也参与了北美博物馆亚洲艺术curator协会（American Curators of Asian Art）的组织和领导工作，几年前在ROM举办了第7届年会（图2.14）。2018年秋，我们和香港北山堂合作主持了第6届中国艺术研讨会，有60余位来自世界各地博物馆的curator参加了会议，了解和讨论我们的中国藏品研究与展示工作，因而进一步扩大了ROM中国藏品的影响力（图2.15）。这就是博物馆对我们curator职能的又一期待。

第八，通过教学培养学生和博物馆未来的curator。

这个方面所阐述的是博物馆的curator也应该履行大学教授的职责：在大学课堂上讲课并指导硕士生、博士生的学业。ROM因为历史关系，与多伦多大学有着血脉相连的渊源，所以ROM的curator基本上都可以成为多伦多大学的兼职教授，这是ROM作为研究型博物馆的天然优势，也是我们可以吸引来自其他博物馆curator跳槽到ROM的原因之一。当然博物馆的curator兼职大学教授，不是ROM的专利，比如芝加哥艺术博物馆的curator也有在芝加哥大学和西北大学兼职上课的，大英博物馆的curator也在伦敦的亚非学院指导研究生等等。

博物馆的curator在大学兼职不是例行公事，也不是因为curator的个人兴趣。博物馆curator的教学有他们得天独厚的优势，可以充分利用博物馆藏品资源普及学科知识。课堂上的学生通过和博物馆的联系，可以走向博物馆相关藏品研究领域。而且，研究生可以成为博物馆藏品研究课题的主要力量。我常对博士生说，做我的学生与做东亚系其他教授的学生唯一不同的地方，也是最重要的地方，就是你们的研究论文必须基于博物馆藏品的研究。一篇成功的博士论文既是自己未来学术生涯的保障，也可以为博物馆的研究提高学术影响力。甚至，他们在学术界的成功，会让他们更有可能成为博物馆的下一代curator。

以上就是我对当代博物馆中curator的职责和义务的理解，他们的岗位在博物馆责任重大，当然他们在欧美体制下的工资也比博物馆其他岗位要高出很多，他们的社会地位、在公众心目中的形象也相当高。至此我们应该能够理解，二十一世纪博物馆的curator，不能等同于其他领域如拍卖行、画廊、艺术中心、当代艺术、商展、会展等等的curator。

但很遗憾的是，我到现在还是不清楚，西方博物馆中的curator，如何对应中国博物馆的职责岗位。所以很抱歉我不得不用英文curator原词贯穿这一章。当然，这并不是因为中国博物馆没有类似的责任人。

我曾经在ROM接待过不少交流展览合作的国内同行。经常会是这样一个有趣的开会场景：国内来的一两位同行坐在会议桌的一面，另一面坐着ROM策展团队的六七位成员。在介绍一位来自国内博物馆的陈列部研究馆员时，为了准确表达他的工作职能，我常开玩笑说："现在在中国的博物馆中一人干了我们四个人的工作，但是只拿一份工资。比比人家，我们还有什么好抱怨的呢？"看到我们的同事面面相觑，我继续说："他是博物馆陈列部的研究馆员，相当于我们的curator，但是他的职责又有designer（设计师），registrar（典藏员）和 project manager（项目经理），这就是为什么他今天一个人来跟我们一起谈。"当我翻译回去给国内的同行解释，他连连称是，说介绍得非常准确。

也许，这些职能上的区别就是为什么西方博物馆的curator还不能在国内博物馆中找到一个对应"职称"的原因吧。或许，我开头提到的名片上的尴尬还要继续下去。而我的名片上，还是绝对不会用"策展人"这个翻译的，虽然我也是个不折不扣的策展人。

在我所工作的西方博物馆中，curator不是一个级别，也不仅仅是一个职称，他们是博物馆的背脊中坚，更是博物馆的灵魂。

当我的朋友向别人介绍我是ROM的副馆长时，其实我更喜欢curator的身份。我常对朋友说，在海外博物馆中，副馆长是个服务性的位置，是临时性的，无权无势讨人嫌。但是，curator是我的本职，是永久性的，是有价值的，所以我喜欢，并感到深深的自豪！

3

三谈

博物馆为什么做展览：
策展、释展和评展

撒开去看"国宝"的想法不谈，在公众的心目中去博物馆自然是因为有展览可看。博物馆展览一般分两大类：一类是常设展览，也叫基本陈列，通常一二十年内都很少发生变化，例如通史展、地方史展、文化史展、民俗史展、艺术专题展等等。另一类是临时展览，也叫"特展"，一般展期在三到五个月，可以是博物馆的原创展览，也可以是从其他博物馆引进的展览。总之，无论是大型还是小型、专业性的还是综合性的博物馆，展览是不可或缺的。

不过，随着时代的变迁，博物馆也在不断发展，展览的形式和内容也都在发生变化。

2009年，我参加了一个由美国学者领衔的国际文化遗产专家组，受蒙古国政府的邀请，对位于其南部南戈壁省地区、即将对国际开放的奥尤陶勒盖（Oyu Tolgoi）金属矿区，进行传统文化遗产的影响力评估，并提出建议。我的任务是考察该地区博物馆和文物馆的现状，并提出如何利用博物馆来帮助当地民众提高保护本民族文化遗产的认识，帮助在矿区工作和生活的外来定居者了解和尊重本地文化等。在南戈壁省的一些旗盟级的博物馆里，我看到了似曾相识的展览。就像二十世纪七十年代，在我读小学的时候，去湖北省博物馆参观时见到的"革命发展史或地方英雄史"展览：几间中规中矩的展室主要陈列了从古代的农民起义、抗争地主阶级的历史，到近现代为了反对殖民主义而进行的民族独立解放事业的故事和英雄事迹。展览中的近现代革命文物占据了大部分的橡木框玻璃桌柜，和墙上的英雄照片与历史沿革文字介绍交相辉映。当然也有很多地方博物馆展示了不少新时代社会的变化和新风貌（图3.1）。

想象一下，一个只有8000本地人口、保持几千年"诗和远方"的草原生活方式的蒙古小型

图3.1：作者与蒙古国国家文化遗产专家考察南戈壁省当地的博物馆和陈列馆

旗盟，在2010年前后一下子涌进来了约22000名外来人口到新矿区生活。这些人主要是来自中国、澳大利亚、俄罗斯、美国和加拿大的劳工和管理者。面对将近三倍于当地人口的外来居民和他们带来的异域文化，本地年轻人受到就业机会的诱惑和生活习惯的改变等种种挑战，本地政府如何能让博物馆和文化馆等有限的文化机构肩负起保护本民族文化遗产的责任，这是他们希望能够从国际专家组那里得到的答案[1]。

　　来自美国、加拿大、英国、荷兰和中国香港的11名国际专家团成员，在蒙古国政府的专家陪同下，经历了五天的紧张考察。当我看到了一马平川无边无际的戈壁滩，才知道"诗和远方"在那个时候只有远方，丝毫不见"诗"的踪影！也领教了丰田"陆地巡洋舰"（land cruise）真正的品牌寓意及其性能。越野车没有对乘客的颠簸苦楚有丝毫眷顾，一路四小时的狂奔只是为了能赶到下一个旗镇小店吃上一顿饭，或在天黑前能找到我们下榻的蒙古包（图3.2）。路上，我看到的只有天际线和茫茫戈壁乱石滩，唯一有时空概念标志的就是一串电线杆。越野车常常会沿着电线杆开长长的一段路，我的心里会稍稍踏实点，感觉"远方"不远了。但谁知道一个瞌睡醒来，发现电线杆又不见了，心里一紧，一阵无名的恐惧感莫名袭来，可脸上还要挂着淡然的

图3.2：国际文化遗产专家小组在蒙古国南戈壁省的奥尤陶勒盖（Oyu Tolgoi）矿区考察

微笑。当我们回到乌兰巴托市之后，经过几番讨论，各位专家就他们各自的领域

1　Altschul, Jeffrey H. and Gerry Wait, The Oyu Tolgoi Cultural Heritage Program, Mongolia. In M. H. van den Dries, S. J. van der Linde, and A. Strecher(eds.), *Fernuweh: Crossing Boarders and Connecting People in Archaeological Heritage Management*. Leiden: Sidestone Press, 2015.

对我们的蒙古同行提出了一系列建议。我的方案中有一条就是：调整展览内容，改变展览形式。

我的理由是：为了让外来居民对当地文化和传统风俗怀有敬意和尊重，本地的博物馆展览必须阐述出当地文化遗产的核心价值，而不仅仅是革命史，后者可以是文化遗产价值的一个部分。展览应该表现出在这片土地上，我们为什么这么吃、这么住、这么穿、这么行，而不是仅仅说"我们有史以来就是这样衣食住行的"。展览还必须用到新的展陈形式和设计，以贴近二十一世纪的生活和时代感。当然，设计不一定非要高科技。之所以如此，是因为他们的文化遗产所面向的群体，主要是来自习惯于二十一世纪生活方式的、熟悉新时代博物馆展览的、有较好教育背景的西方企业管理者和他们的家属。只有让他们通过展览来接受和认识当地文化遗产的价值，才会在矿区的行政管理中做出有利于保护当地文化遗产的策略，博物馆展览才能够在矿区生活中行之有效地发挥积极作用。

回到多伦多后，我才感到了后悔，原来那个时候也是可以有"诗"的——在这样独特的自然环境保护下的草原文化遗产，既是那么的醇厚，又是那么的脆弱。一个新矿区，在区区2万多人的注入后，可能用不了一个十年，就能改变甚至可能抹去几百年、几千年亘古流传的蒙古牧民生活传统。

博物馆有文物、有故事就可以有展览。但是博物馆要做什么样的展览，这需要先知道为什么要做展览。策展不是"计划去做一个又一个的展览"，策展必须知道展览的目的。明确了展览的目的，我们才能有展览的策略。

为什么博物馆需要有展览策略？

展览策略指导博物馆团队如何利用策展来表现、执行并完成博物馆定下的宗旨和终极目标，因为大家都知道博物馆最主要的功能之一就是陈列和展览。

展览不是博物馆的专利，但是博物馆的展览和其他展览确实不一样，也不应该一样。

博物馆的展览不是展览馆、会展中心、商场的商业展览。不言而喻，汽车博物馆的展览和年度的汽车展销会是不一样的。展览中同样都是汽车，但是汽车博物馆展览主题是交通工具的故事，而汽车展销会的汽车是要销售和消费的。

博物馆的展览不是画廊的商业展览。虽然在某种程度上，博物馆艺术绘画展览的内容和形式可能和专业领域的画廊与艺术馆有相似之处，但究其根本，博物馆的书画展览不应该以市场为准绳或用展览来左右市场。而书画商业展览的目的除了艺术欣赏之外，不可避免地带有宣传和推销当代艺术家的目的。

博物馆的展览不是艺术市场的商业展览。不可否认，每年纽约、伦敦和香港的亚洲艺术节中拍卖行和古董行所举办的文物艺术品展览具有相当的专业性。但是无论他们的藏品、展柜和灯光是如何的精妙绝伦，博物馆的展览也绝对不可能与他们相提并论（图3.3、3.4）。就算两者都是讲好文物的故事，但是博物馆的展览是在学术基础上通过两三年的策展来诠释艺术和文化，而拍卖行的展览是为了销售每三四个月轮替的显宝。

图3.3：纽约的一家国际大古董拍卖行的预展陈设

图3.4：中国香港好莱坞大街上一家以中外古董家具为业的古董商行中的陈列

博物馆的展览也不是社区、企业等民间机构的展览。虽然博物馆的展览在其教育功能上与这些社区、企业等民间机构的展览有一定的重合性，但是很明显两者在其展览目的上是相当不一致的。比如，一个成功的企业为了宣传自己的企业文化，可以办成相当专业、相当成功的企业历史沿革和企业文化展览，但是对于博物馆而言，即便形式上可以"复制"，但是目的上却完全没有这样的必要。

应该这样理解：博物馆总是要办展览的，没有什么展览是非办不可的，也没有展览一定办不成，但是博物馆必须知道"应该办什么样的展览"。我们可以静下来问一下：博物馆应该在什么样的时候办什么样的展览？然后提出一系列的方案再论证答案。这就是博物馆需要的展览策略。

例如，到了香港回归20周年、改革开放40周年，或者到了某某博物馆的百年大庆等等，博物馆都会举办一系列相应的展览，这本身是没有问题的。但值得思考的是：这些展览的目的是什么？是为了庆祝，还是为了"应景"，抑或是单纯的完成任务？再或者，是作为博物馆展览策略的一部分，提前三五年就开始规划的、拟定的，有步骤、有节奏地进行宣传并推出的展览？

这就是博物馆的展览策略。因为在这样的策略下举办的展览，比临时"接受任务"而制作的展览，质量上有着显著差异。因为在展览策略的指导下，博物馆策展团队永远会被提醒：什么才是我们博物馆的宗旨和办展目标。

展览是博物馆中最主要的职能工作，更是博物馆联结观众、提高声誉和保障财政的主要手段。一个博物馆的策展团队应该了解，展览是博物馆既可以在当地、也能够在全球范围内，发生影响和作用的主要因素。

如果我们今天讲到的内容，是关于"如何打造二十一世纪的博物馆"，那么我们就必须要明确：策划什么样的展览（或系列展览），才能让我们的观众感受到博物馆正在走出历史、迈向未来。

在新时代的博物馆里，我们必须重新认识博物馆的展览与相关活动的宗旨和目标。围绕着我们现在认识的二十一世纪博物馆的标准（详见第一章），博物馆的展览应该逐步走出"重宝""重物""重古"的框架。在学术研究的指导下，开始侧重于与观众的关联、体验、探索和求知。更重要的是，要考虑到我们所办的展览，如何能够表达出观众所在意的、关注的时代性和相关性中的内容与思想，如何为观众所在乎的、关切的社会焦点和热点发声。

策展：几个相关问题

我常常自己琢磨，策展应该从哪里开始？是从冥思苦想出一个主题开始，还是从读几本书、找一批展品、讨论一下艺术开始？其实，策展不仅仅始于展品，更不只是灯光和道具，策展应该是从一个"问题"开始的。在我们如今考虑一个个展览提案时，这个"问题"就是：我们为什么要做这个展览？

这并不是我故作玄虚，而是从实际工作中得到的结论。我参加过无数次展览的提案审定会，很多情况下，每一个展览提案都精彩无比。内容好，形式好，喜欢的再怎么夸奖都不为过，甚至不喜欢的也挑不出什么原则性的毛病。然而，面对着一大堆"好"的展览提案，却只能做其中的百分之二十、甚至百分之十的时候，我们该如何进行选择？这时大家会回到桌面上，集中讨论一个问题：我们做这些展览的原因是什么？

要回答这个问题，我们就需要从展览提案的内容上把握下面一系列的相关问题：

其一，展览是不是符合办馆宗旨？如果像二十世纪博物馆那样强调的是研究和藏品，那么办一系列"国宝展""精品展""出土文物展"也是符合办展理念的。如果二十一世纪的博物馆包含的是公众的情怀和社会的焦点，那么反传统、非主流的展览，如ROM做的"文身展""年画展""气候变化展""大屠杀展"等内容在博物馆也可以有一片天地。如果说前面我们提到了ROM的新的宗旨之一是"帮助人们认识过去和理解现在来改变我们的生活"（详见第一章），那么ROM决定的一些展览（当然不会是所有展览）就应该具有能够启发观众对生活的热爱和对社会的关爱，从而使他们获得改变对世界和现实的认识的力量和意义。

其二，展览是不是符合展览策略？一个综合性博物馆需要给博物馆观众带来"色香味"俱全的多彩文化大餐。所以，博物馆展览内容的节奏需要按照博物馆的总体策略来安排。换句话说，像ROM这样集艺术、文化和自然历史为一体的综合性博物馆需要统筹安排展览的内容，每年应该都要有表现美术类、当代艺术类、历史文化类、民俗文化类、自然生态类、自然科学类的展览。不同种类的展览需要相互交叉和交替，在展览内容和形式上也需要给不同类别的观众（成人、儿童、家庭、知识分子等等）相应的适合度。这样的展览策略也决定了ROM不可能接受每年都有一个中国艺术与文化内容的展览，或者说ROM也不可能每年都引进一个来自中国的展览。从2009年开始，仅仅以ROM引进的古代艺术和文化（不包括引进的现代艺术和自然科学类）特展来说，依次为来自以色列的死海文书展（2009年）、中国的兵马俑展（2010年）、大英博物馆的美索不达米亚文明展（2011年）、墨西哥的玛雅文明展（2012年）、中国故宫博物院的紫禁城展（2014年）、意大利的庞贝展（2015年）、瑞典的维京展（2017年）等等。可以看出，博物馆在选择大型古代文明展览的策略中，也需要平衡全球不同地区不同文化的内容。通过这种展览策略，得以扩大博物馆在全球的声誉和影响以及加强和世界不同地区博物馆的联系和合作。当然，如果博物馆在一个时间段中需要增强和某一地区或某一文化社区的交流与合作，那么展览策略上就会向那个方向有意识、有节奏地发生倾斜。同样，如果博物馆需要就二十一世纪社会所关注的焦点和热点策划展览来和社区与观众群体进行联结，那么内容的选择就必然是展览的优先考虑。

其三，展览是不是代表研究实力？在二十一世纪的博物馆中，策划临时展览的主要目的之一，就是通过展览来更新博物馆的研究和藏品，让它们与公众的生活更有关联性、亲和性。但是，这些展览的策划不能只是一味地"迎合"观众的趣味和喜好。换句话说，并不是普通大众说要看什么主题，博物馆就应该毫无异议去做什么主题。相反，展览的策划要能代表博物馆的研究实力和能力。如果说上一章我们解释了为什么curator是博物馆的核心，那么策展则是体现curator专业学术能力的重要方面。就像大学里的教授需要通过学术论文和培养博士生来体现他们的学术能力一样，博物馆curator的学术水平也是要通过策展来体现的。与大学需要依靠学术成就来提高专业的排名一样，博物馆也会因为高水准的展览而提高自身品牌的声誉。所以说，一个展览提案是否能够在某一特定博物馆中得到通过，主题和内容并不是全部的评判标准，至少在ROM，比较看重的是，一个展览提案是不是能带动curator的研究能动性，是否可以让我们的curator由研究员的角色成功转变为策展人，展览是否可以成功提高博物馆的学术影响力。所以，当我们同时面对三五个质量都不错的展览提案时，如果其中一个展览正好是博物馆中的某一位curator的研究领域，那么这个展览提案就会被进一步关注和讨论（图3.5、3.6）。

其四，展览是不是能发挥藏品优势？如果一个受人欢迎的展览主题因为本馆没有相应的研究人员做策展人，就一定不予考虑吗？并不尽然。本着展览是为博物馆的办馆宗旨服务的前提，拟定的策展方案除了体现博物馆的研究能力之外，

图3.5：ROM"祖儿：一个盔甲恐龙的生活"（ZUUL: Life of a Armoured Dinosaur）展览，是ROM研究人员戴维·埃文斯（David Evens）博士的研究成果。他的团队在美加落基山脉地区发现了一个恐龙新种，命名为"祖儿"（ZUUL），并在《自然》杂志发表了这项发现。为了让观众理解这类恐龙如何为了保护自己而演化出盔甲皮和棒槌尾，这个自然历史的展览中增添了人类文化历史中的兵器和铠甲等文物。

图3.6：ROM"出自深海：蓝鲸的故事"（Out of the Depths: the Blue Whale Story）展览。2014年，九条濒危海洋哺乳生物蓝鲸在加拿大东海岸纽芬兰湾区搁浅身亡，其中有两条临近居民区，给当地居民带来潜在的生态挑战。ROM的哺乳动物研究人员受政府请求，对死亡的蓝鲸做了解剖处理，骨架运回博物馆，心脏做了塑化处理。两年后，以此研究为基础，ROM推出原创展览，展出了世界体量最大的现存生物标本和世界上最大的动物塑化心脏（Lance McMillan拍摄）。

还要注重展览是否可以提高博物馆藏品在本地乃至全球的品牌效应。一般来说，西方博物馆在展览策划中会把临时展览按规模和形式分为三种。一种是"交钥匙"型的特展，就是博物馆全盘引进展览的展品、内容和设计等等；一种是与其他博物馆合作借入展品，由本馆的curator策划展览主题内容与形式设计；还有一种是博物馆的curator自主策划的以博物馆自己的藏品为主导的原创展览。可以注意到，前两种展览是以借入展品为主，而后一种才是立足于博物馆自身藏品研究的展览。比如在ROM，我们依次定为A类、B+类、B类和C类展览。前两种为引进，后两种为原创。ROM在做展览策略的时候，一般都会将这几种不同的展览形式和规模在一个年度中有机结合起来，让引进特展的展览主题和内容，和我们原创的展览相辅相成、交相辉映，从而挖掘和宣传本馆的艺术和文化藏品（图3.7、3.8）。也就是说，在考虑引进展览主题的时候，如果有的展览内容可以结合我们本馆的藏品特色或原创展览，那么这类展览提案就会优先考虑。或者，博物馆在接受引进展览的时候，可以考虑或商谈如何能让本馆的藏品作为引进展览的一部分，从而提高公众对本馆藏品的认知度。比如，ROM在引进"交钥匙"展览——"维京展"的时候，就事先与合作方签好协议，在展览中增加了最后一部分："维京时代的加拿大"（图3.9），这样，既能提升本馆的研究能力，同时相比于其他博物馆所做的该展览而更能体现本馆藏品特色（这些藏品在平时没有机会展出）。回想多年以前，在ROM举办"三星堆和四川古代文化"展（2002年）的时候，我们在展览中增加了"安阳文明"部分，也是达到了既能发挥本馆藏品的优势，同时又有与彼时西雅图艺术博物馆、大都会博物馆不一样的内容。这就是策展带来的乐趣和实效。

其五，展览是不是能吻合社教方案？除了以上几项问题的考虑，策展也必须考虑到博物馆与社区和学校教育活动的合作。博物馆应该本着与从幼儿到中学教育相结合的诚意，设身处地从学校教育大纲出发，从无数优异的展览提案中优先考虑能吻合社教方案的展览。古代文明史自然是各国中小学教育中永恒的课题，但是如果结合博物馆的展览让学校的教育大纲的课外延伸得到实际效果，需要靠博物馆的宣教人员与学校和策展人之间的直接沟通。虽然博物馆的策展方案

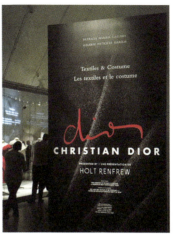

图3.7：ROM"蜘蛛：恐惧还是迷恋"（Spiders: Fear & Fascination）是一个来自澳大利亚国家博物馆的A类引进展览

图3.8：ROM"迪奥"（Dior）是2017年的B类原创展览。当年正值时尚大师克里斯汀·迪奥（Christian Dior）去世60周年。ROM的curator亚历克丝·帕尔默（Alex Palmer）博士是业界中迪奥服饰及其历史档案产品研究最权威的研究员。这个展览也是Dior和ROM长期合作的结果。

不能完全被社区和学校的学习策略所左右，但是在策展中能主动地结合、调整或增加社教方案，从而推出与众不同的展览，也是悉心打造二十一世纪博物馆的实践基础。比如，当社区和学校的教育策略开始偏重于讨论气候变化或原住民文化时，那么我们的展览策划就应该相应地侧重这些方面的选题。

多年以前，我有不少中国同行希望通过我的介绍，把国内的展览推介到加拿大在ROM展出。那个时候，策展的概念在国内还没有什么影响，所提出的展览方案往往是"中国某某地区青铜文化展""中国某某时代精品展"等等。由于这类展览缺乏主题思想，陈展内容及相关展览计划（比如展览日程表、展品数量和尺寸等等）信息少，所以提案基本上难以通过预选会。

同样也是多年以前，一位来自国内的同行，向ROM提出了一个"紫砂壶"的展览提案。虽然在高的层面上提到了紫砂壶和中国文化的关联，但是在ROM的策展团队看来，从观众的角度来说，无法从原始材料上判断这究竟是一个什么样的展览。同年，ROM恰好接受了一位香港北山堂基金会的利荣森学人在博物馆访学，我便将其作为一项培训计划，让这位学者——何鉴菲博士去和中国的同行沟通，并着手起草策展提案。我要求何鉴菲博士首先了解博物馆当时的展览策略，然后回答"Why & What"。提案中提到，来自中国的展品是当代紫砂艺术品，而ROM的一批旧藏紫砂壶自然也是展览的对象，显然原来的中国同行没有注意到ROM的馆藏。

图3.9："维京展"（Vikings: The Exhibition）是通过第三方展览公司策划、来自瑞典博物馆的A类引进展览。通过谈判，ROM授权在展览中增加了自己的藏品和研究部分："维京时代的加拿大"。

在准备展览提案时，我告诉何鉴菲博士，最主要的是ROM必须要从展览提案中清楚地知道，为什么这个"紫砂壶"需要在这个时间段在多伦多展出。只有这样，策展方案提交后才能得到展览评估会的讨论。经过这样的准备和思考，这个方案在当时基本已经通过了，但是后来由于对方的政策变动，很遗憾终止了合作。

2004年，上海复旦大学受国家文物局委托举办了全国省级文物局局长专业管理干部培训班，我在这个培训班上介绍了西方博物馆关于展览交流和展览实践的经验。会上认识了来自郑州的前河南省文物局局长（时任副局长）陈爱兰女士。她和河南省的同行向我提出一个"中原古代音乐文物瑰宝"展览提案，并根据我所讲述的西方博物馆的实践，做了多次修改。展览提案中针对西方观众而设计了展览内容，并增加了具体的展品信息。根据展品，展览提案中分别提出了展览的核心单元及其需要表达的主题思想。这个提案在ROM的展览提案评估会上得到了认真的讨论，ROM针对展览的提案还回馈了意见和建议。虽然ROM最后因为其他原因没能接受这个展览，但我们仍然十分感谢陈局长的团队给ROM这个宝贵的机会，并推荐他们用修改过的展览提案去和美国的一些博物馆联系。后来，"中原古代音乐文物瑰宝——来自河南博物院的远古和声"展在美国亚利桑那州州府凤凰城的乐器博物馆成功展出。这个例子不仅仅说明，一个有主题、有内容、有展品信息的策展提案的重要性，更说明在面对同样一份优秀的提案时，博物馆做出的取舍更多的是它自身的展览策略所决定的。"中原古代音乐文物瑰宝"展没有被ROM策展团队接受，并不是展览不够好，水平不够高，文物不精致，是因为在当时ROM的展览策略和接受这个展览的美国博物馆不一致。也许，当"古乐"在多伦多成了一种时尚，当ROM有了一位专门从事古代音乐研究的策展人，或者当ROM正好入藏了一批中国民乐文物之后，ROM会重新审视这份展览提案的意义与价值！

释展：如何能让观众看懂展览

2014年秋天的一个下午，我在博物馆经过当时在ROM访学的利荣森学人何鉴菲博士的办公室时，看到她正在愁眉苦脸地对着电脑，就不经意地问了一句。何鉴菲博士说正在给《美成在久》写关于ROM"紫垣撷珍"展览的策展体验，但是不知道interpretive planning（释展）这个词汇应该怎么翻译。她这么一说，我倒是触动了一下，意识到这个概念还没有在中国博物馆界讨论过，也没有相应的中文词汇。我想了想说，既然interpretive planning是策展中对展览的主题思想做出的深入浅出的诠释，那么我们就翻译为"释展"吧。我记得当时还有点犹豫，心想国内博物馆界刚刚开始接受和理解"策展"这个概念，现在一下子又出来一个"释展"，我是不是有点故作姿态，哗众取宠？然而，ROM对何博士策展培训的一个主要方面就是释

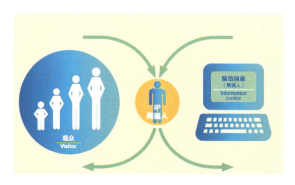

图3.10：释展图示（下图由多伦多大学刘珽怡同学设计）

展，指导她全面解释这个概念的起源和发展。她和ROM的释展人（interpretive planner）多次交流，做了大量的调研和笔记，发现"释展"这个词汇的翻译应该是准确无误的[1]。

如今，中国博物馆事业蓬勃发展，展览异彩纷呈，如何使展览契合公众心理需求也成为每一个有使命感的博物馆人必须自省的问题。一个成功的展览是在"熟悉"与"陌生"之间对话，是在博物馆提供的权威知识与大众的认知局限之间搭建理解的桥梁。释展人即是因此而存在的一个角色（图3.10）。在展览策划的过程中，策展人是灵魂，而释展人则是帮助观众、展品与博物馆三者共融的血液。一个成功的释展人既能使展品通过学术研究与展陈设计提升价值，又能令观众通过欣赏理解展品提升自身修养，也能够促使博物馆心怀观众、顺利履行社会教育使命，提升社会价值。

发展至今，博物馆已不再仅仅是自上而下地对观众灌输知识，而是强调互动、体验、积极学习。因此，目前在西方众多大型博物馆的策展实践中，都有一个必不可少的环节：interpretive planning（释展）。负责这项工作的职

1　何鉴菲：《凝视中国：加拿大皇家安大略博物馆策展之道》，《美成在久》2015年9月（总第7期）。

衔叫Interpretive Planner（释展人），在博物馆里一般有两种类型：最常见的一种隶属教育部门，他们负责在展厅文字叙述之外寻求更适合大众的方式传达展览的信息；而另外一种释展工作则隶属创意设计组，直接与curator合作，其工作直接影响展览最终呈现的文字表述和展厅设计。在ROM，释展的实践属于后者。

释展，在英国博物馆界的语境中相当于"叙事"（harratives）。北美博物馆的释展人往往不是艺术史学家、考古学者，也不是教育学家、博物馆学者，但是这并不妨碍他们理解陌生的主题或文化。释展人不是专业领域的研究人员，他们不是curator，但是他们比一般人更具有理解curator策展思想的能力，或者说释展的岗位职责要求他们要比一般人更具有理解curator策展思想的能力。他们可以同时作为博物馆本年度不同展览，比如古代文明、当代艺术甚至诸如恐龙化石展览的释展人。他们必须把不同curator在展览中所做的思考、意欲表达的内容，如实地、准确地通过通俗易懂的文字以展览说明的形式呈现出来。当然，释展人更为重要的责任是与策展人沟通，在不改变策展主题思想的前提下，从观众的视角为策展方案提出中肯的建议。一旦策展方案在策展人的主导下通过，释展人就要与形式设计师、灯光师等专业人员落实策展理念，帮助设计师通过视觉效果和空间布局来提升展览的主题内容，与策展人在展览中的文字说明相映生辉。这就是释展人的工作魅力。

一个合格的释展人，能令展品通过学术研究与展陈设计提升其存在的价值；能令观众通过欣赏、理解展品来获得愉悦，提升自身修养；能令博物馆通过心怀观众的学术研究和展览策划，来成功履行社会教育的使命，并提升博物馆的社会价值。

释展，就是要在观众兴趣点和展览信息之间找到关联点，阐释展览背后的主题文化；既需用简明的语言传达展览的学术思想，也要为展示空间设计和平面设计提供文化阐释（图3.11）。博物馆策展团队在工作时，必须时刻思考内容设计和形式设计是否遵循了上述文化阐释的四大基本原则：相关性、选择性、启发性、趣味性。展览的内容和形式设计是基于什么样的文化阐释，如何表达curator提供的知识和思考，如何提炼出能与观众产生共鸣的当代元素，

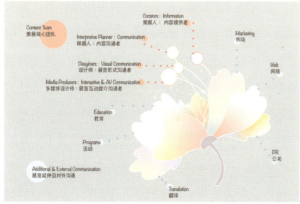

图3.11: 释展人在策展团队中的位置（下图由多伦多大学刘珽怡同学设计）

如何将这些元素以趣味化的形式传达给观众。当代博物馆"释展"工作最主要的核心在于理解观众对展览背后主题思想的接受意愿、能力、兴趣、体验——"一切都是为了观众"（图3.12）。

一个成功的展览需要有策展人和释展人积极沟通、密切配合，弥合展览学术思想和观众体验需求之间的落差，令具有学术分量的展览在不稀释学术含量的前提下变成一次生动有趣的体验。释展的目的不在于呈现完美却与观众割裂的学术研究，而在于建立起文化阐释和公众体验的关联，激起观众在离开展厅后继续探究的兴趣。

观众的观展体验是一种融合了情感、经验、知识共鸣的综合性体验，这种体验既取决于博物馆对展览的表达，也取决于观众自身的文化背景。同样一个展览，同样一批器物，在不同的地点、不同博物馆展出，观众的体验必然不同。由于必须在有限的展览空间中阐述众多难舍的展览议题，策展团队必然需要在"让展品满足艺术欣赏"和"让文化阐述成为观众体验的一部分"这两种需求之间进行抉择，或者接受更大的挑战：将两者合二为一。艺术馆（Art Museum/Art

图3.12："祖儿"恐龙展中的释展形式

Gallery）和综合性博物馆的区别也体现在这种选择中：艺术馆往往强调器物带来的感官快感，尽量聚焦于器物本身的美化（图3.13）；而在诸如ROM这样大百科全书式的多元文化博物馆里，对文物遗产的展示必须反映不同文化的历史价值和社会意义，文化阐释也就成为一个无可规避的重头戏。

一个成功"释展"的展览一定是一个深入浅出的展览：唯其研究深入，方能举重若轻地娓娓道来。历史亦即"异邦"，无论是跨文化的展览还是跨历史的展览，皆为策展人与观众展开的一场认知对话。那么，在这场对话中，沟通的平台是什么？是文物本身固有的美感，还是文化收藏或重现历史的追求？是宏大历史场面的文字叙述，还是让器物本身引导观众的好奇心和求知欲？我们对这些问题的反思应该有个基本的共识：器物本身之美不能仅仅通过设计的绚丽来实现，深入研究之后讲出来的故事才是释展的法力。展览不能仅仅靠设计，也不能仅仅靠文字，所需要的正是我们在不断探索的、深入人心的、具有时代关联的文化阐释。

在二十一世纪博物馆的策展中，藏品研究、设计、宣教、市场、媒体等博物馆同业之间需要互相尊重、倾听与对话，从观众定位、确定展览主旨，到实施过程中的每一个细节，都能自觉地去考虑观众的认知水平和理解能力，从而能够在博物馆的知识生产过程中形成

图3.13：位于渥太华市的加拿大国家美术馆（National Gallery of Canada）展厅陈列

研究、展示和教育的良性循环。释展人在这个过程中是沟通与合作的润滑剂。释展人必须敢于面对陌生的主题：阐释本身就是一种突破文化疆界的行为，展览是一个深具包容力的空间，是文化差异的联结，是文化阐释与协商的场所。对文化差异的展览阐释就是要努力填补语言无法对译的空间，就是要对转换了情境的艺术品在所处展览空间中进行释读。通过阐释让策展人可以经由展览与观众之间营造出一种无声却带有默契的知识对话。

近年来我在ROM主持的几个展览中，与我合作的释展人是毕业于多伦多大学博物馆学专业的硕士生考特尼·玛芬（Courtney Muffin）。考特尼参加故宫博物院的"紫垣撷珍"策展时，对中国文化一点都不了解。除了我给她推荐的必读书籍之外，她有她自己的办法——找了刚刚出版的《慈禧太后》一书，去了解紫禁城的历史[1]。她从里面找到很多有趣的落脚点，希望展览可以表达出来。比如，后妃的等级制度和后宫里的宠物等等。但是，由于她缺乏对中国文化的理解，导致她准备把一些野史传说当作正史释读。比如，书中记载了一段民间传说：雍正皇帝因为防止被谋杀，让太监把选中的妃子赤身裸体地用被褥裹着进宫。这段趣闻误导了考特尼，让她误以为是正史，想写到释展的说明中去，当然被我拒绝了。所以，释展还需要策展人对历史观的正确把握，否则展览的阐述很容易会偏离方向。

为了准备这个展览，考特尼看了不少的图书和资料，但还是看不懂一个机构——内务府，而这个机构恰好又与紫禁城的故事紧密相关。了解清史的人都知道，这个概念不是几句话就可以解释清楚的。在展览中，留给解释"内务府"的空间，只能用上"三五句话"。那么，怎么能让观众，特别是毫无清史基础的西方观众，既让他们愿意看，更让他们看得懂呢？为了解决这个问题，我让何鉴菲博士加入了团队，协助考特尼开始释展实践。我对何鉴菲的要求是，通读两本关于内务府的学术著作或相关学术论文，然后写出500字的"什么是内务府"小文交

1　Chang, Jung, *Empress Dowager Cixi: the Concubine Who Launched Modern China.* Toronto: Random House Canada.

给考特尼学习，并勾画出内务府职能流线图。在2010年之前，关于内务府的研究仅有的两本学术专著，都是基于博士论文的研究而展开的。而且有意思的是，一本是由中国学者写的[1]，另一本是美国学者写的[2]。毕业于中山大学历史系的何鉴菲博士自然有驾驭这两本学术专著的能力，但是让她把两本专著的内容和观点，用500字解释出来，却是"炼狱般"的磨炼。最后能指导她完成任务的，其实就是这样一个理念：一个不了解中国历史文化的观众，为什么一定要知道什么是内务府？那是因为内务府的职能和作用可以把展览中的文物，如造办处的瓷器、紫禁城的建造翻修、后宫的宠物管理、皇帝的起居等文物故事串联起来。这些文物背后的故事就是紫禁城皇宫的运行，而内务府就是负责运营紫禁城皇宫的小政府机构。这个政府的职能部门可以用一张图表达出来。何鉴菲的500字小文，通过和考特尼多次的交流，最后成为150字的说明和一张全形结构图（图3.14），引起了观众极大的兴趣，效果非常好。过去学术论文中提到的内务府，通常"纠结"在"三院七司"的功能和起源的讨论上。但是对观众来说，真正通过内务府来了解紫禁城皇宫的，还是内务府中的其他机构，如造办处、御茶膳房、御药房、御船处、内外养狗处、图志处等等。虽然在展览说明中并不涉及学术界讨论比较多的问题，例如内务府的兴起沿革等，但是展览中对内务府的解释却是基于对这些学术问题的正确理解，而不是简单地从"百度""维基"上复制粘贴。到今天为止，并没有多少人了解"紫垣撷珍"展览中的这张内务府的说明和职能图的背后，其实是实习释展人何鉴菲通读了两本博士论文专著后的成果。这也是释展人和策展人共同合作、策划一场能让观众看得懂的展览而做出的努力。

最后，我想把"释展"总结成四句话：释展是将展览学术化的思维转化为平民化的语言；释展是将展览的深度扩展成喜闻乐见的宽度；释展是从不同的

1　祁美琴：《清代内务府》，沈阳：辽宁民族出版社，2009年。附录为李典蓉《清代内务府研究综述》一文。

2　Torbert, Preston M., *The Ching Imperial Household Department: A study of it's Organization and Principal Functions, 1662-1796 (Harvard East Asian Monographs)*. Cambridge MA: Harvard University Press, 1977.

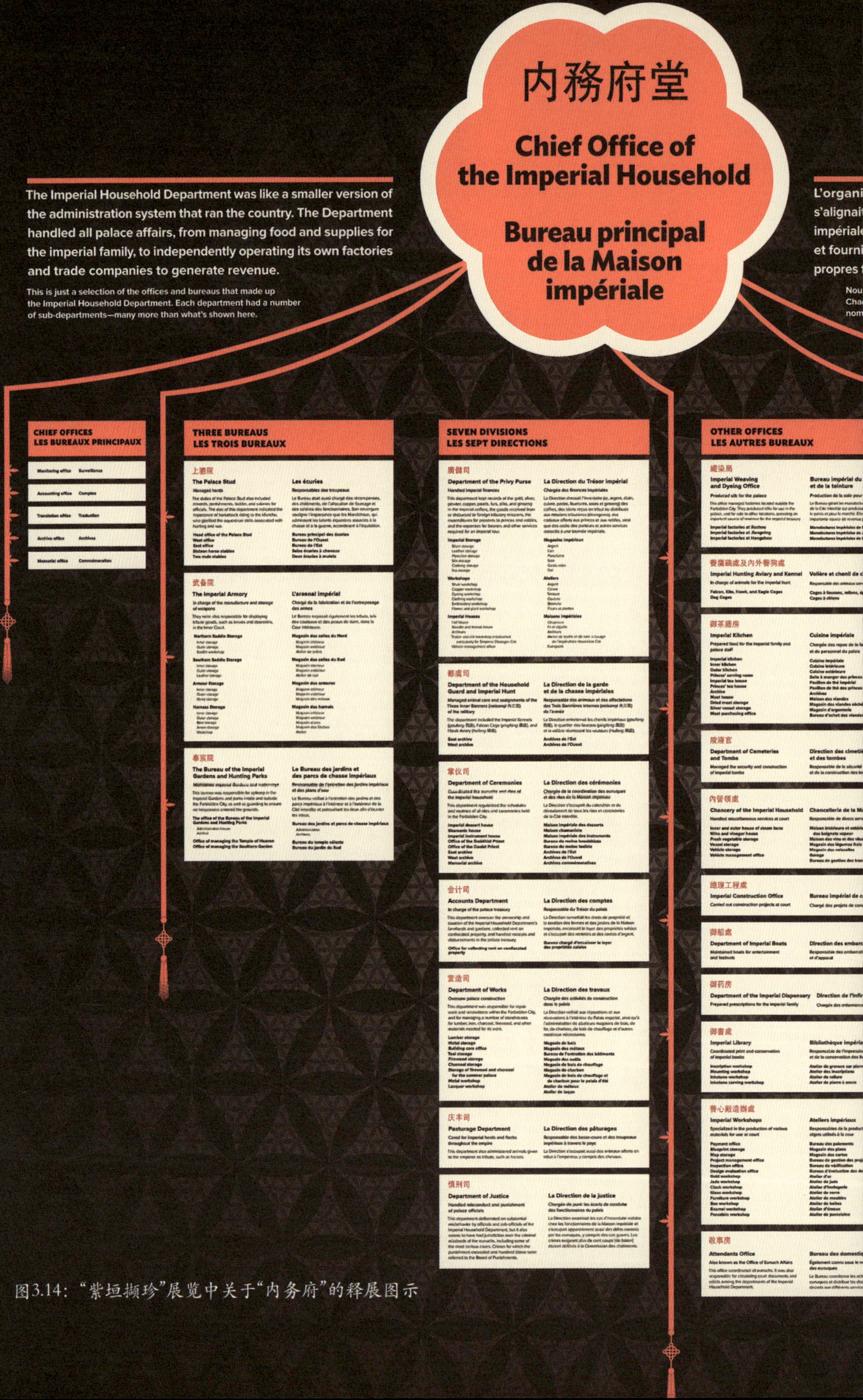

内務府堂
Chief Office of the Imperial Household
Bureau principal de la Maison impériale

The Imperial Household Department was like a smaller version of the administration system that ran the country. The Department handled all palace affairs, from managing food and supplies for the imperial family, to independently operating its own factories and trade companies to generate revenue.

This is just a selection of the offices and bureaus that made up the Imperial Household Department. Each department had a number of sub-departments—many more than what's shown here.

L'organi
s'alignai
impériale
et fourni
propres t

Nou
Cha
nom

CHIEF OFFICES
LES BUREAUX PRINCIPAUX

Monitoring office	Surveillance
Accounting office	Comptes
Translation office	Traduction
Archive office	Archives
Memorial office	Commémoration

THREE BUREAUS
LES TROIS BUREAUX

上驷院
The Palace Stud
Managed herds

The dukes of the Palace Stud also included stewards, gentlemen, and subordinate officials. The size of this department indicated the importance of horseback riding to the Manchu, who glorified the equestrian skills associated with hunting and war.

Head office of the Palace Stud
West office
East office
Sixteen horse stables
Two mule stables

Les écuries
Responsables des troupeaux

Le Bureau était aussi chargé des récompenses, des châtiments, de l'allocation de fourrage et des salaires des fonctionnaires. Son envergure soulignait l'importance que les Mandchous, qui admiraient les talents équestres associés à la chasse et à la guerre, accordaient à l'équitation.

Bureau principal des écuries
Bureau de l'Ouest
Bureau de l'Est
Seize écuries à chevaux
Deux écuries à mulets

武备院
The Imperial Armory
In charge of the manufacture and storage of weapons

They were also responsible for displaying tribute goods, such as knives and deerskins, in the Inner Court.

Northern Saddle Storage
Inner storage
Outer storage
Saddle workshop

Southern Saddle Storage
Inner storage
Outer storage
Leather storage

Armor Storage
Inner storage
Outer storage
Weapon storage

Harness Storage
Inner storage
Outer storage
Bow storage
Workshop

L'arsenal impérial
Chargé de la fabrication et de l'entreposage des armes

Le Bureau exposait également les tributs, tels des couteaux et des peaux de daim, dans la Cour intérieure.

Magasin des selles du Nord
Magasin intérieur
Magasin extérieur
Atelier de selles

Magasin des selles du Sud
Magasin intérieur
Magasin extérieur
Magasin de cuir

Magasin des armures
Magasin intérieur
Magasin extérieur
Magasin des armes

Magasin des harnais
Magasin intérieur
Magasin extérieur
Magasin des flèches
Atelier

奉宸院
The Bureau of the Imperial Gardens and Hunting Parks
Maintained imperial Gardens and outbuildings

This bureau was responsible for upkeep in the Imperial Gardens and parks inside and outside the Forbidden City, as well as guarding to ensure no trespassers entered the grounds.

The office of the Bureau of the Imperial Gardens and Hunting Parks
Administration bureau
Archive

Office of managing the Temple of Heaven
Office of managing the Southern Garden

Le Bureau des jardins et des parcs de chasse impériaux
Maintenance de l'entretien des jardins impériaux et des plans d'eau

Le Bureau veillait à l'entretien des jardins et des parcs impériaux à l'intérieur et à l'extérieur de la Cité interdite et patrouillait les lieux afin d'écarter les intrus.

Bureau des jardins et parcs de chasse impériaux
Bureau d'administration
Archives

Bureau du temple céleste
Bureau du jardin du Sud

SEVEN DIVISIONS
LES SEPT DIRECTIONS

廣储司
Department of the Privy Purse
Handled imperial finances

This department kept records of the gold, silver, pewter, copper, pearls, furs, silks, and ginseng in the imperial coffers, the goods received from or disbursed to foreign tributary missions, the expenditures for presents to princes and nobles, and the expenses for houses and other services required for an imperial tour.

Imperial Storage
Silver storage
Leather storage
Porcelain storage
Silk storage
Clothing storage
Tea storage

Workshops
Silver workshop
Copper workshop
Dyeing workshop
Clothing workshop
Embroidery workshop
Flower and paint workshop

Imperial Houses
Hall house
Needle and thread house
Archives
Tractor and rent receiving establishment
exclusively for Emperor Dowager Cixi
Vehicle management office

La Direction du Trésor impérial
Chargé des finances impériales

La Direction dressait l'inventaire de l'or, de l'argent, de l'étain, du cuivre, des perles, des fourrures, de la soie et du ginseng des coffres, des biens reçus ou attribués aux missions tributaires étrangères), des dépenses effectuées pour les princes et aux nobles, ainsi que des coûts des postures et autres services associés à une tournée impériale.

Magasins impériaux
Argent
Cuir
Porcelaine
Soie
Garde-robe
Thé

Ateliers
Argent
Cuivre
Teinture
Couture
Broderie
Fleurs et peinture

Maisons impériales
Chambre
Fil et aiguille
Archives
Atelier de tracteur et de rente à l'usage de l'impératrice douairière Cixi
Transport

都虞司
Department of the Household Guard and Imperial Hunt
Managed animal care and assignments of the Three Inner Banners (neiwang 内三旗) of the military

The department included the Imperial Kennels (yangdog 养狗), Falcon Cage (yingfang 鹰房), and Hawk Aviary (hufang 鹘房).

East archive
West archive

La Direction de la garde et de la chasse impériales
Responsable des animaux et des affectations des Trois Bannières internes (neiwang 内三旗) de l'armée

La Direction entretenait les chenils impériaux (yangdog 养狗), la quartier des faucons (yingfang 鹰房) et la volière alumisant les vautours (hufang 鹘房).

Archives de l'Est
Archives de l'Ouest

掌仪司
Department of Ceremonies
Coordinated the eunuchs and rites of the Imperial household

This department regularized the schedules and routines of all rites and ceremonies held in the Forbidden City.

Imperial dessert house
Shamanic house
Imperial instrument house
Office of the Daoist Priest
Office of the Daoist Priest
East archive
West archive
Memorial archive

La Direction des cérémonies
Chargé de la coordination des eunuques et des rites de la Maison impériau

Cette Direction s'occupait du calendrier et du déroulement de tous les rites et cérémonies de la Cité interdite.

Maison impériale des desserts
Maison chamanique
Maison impériale des instruments
Bureau de moine taoïste
Bureau de moine taoïste
Archives de l'Est
Archives de l'Ouest
Archives commémoratives

会计司
Accounts Department
In charge of the palace treasury

This department oversaw the ownership and taxation of the Imperial Household Department's farmlands and gardens, collected rent on confiscated property, and handled rescues and disbursements in the palace treasury.

Office for collecting rent on confiscated property

La Direction des comptes
Responsable du Trésor du palais

La Direction surveillait les droits de propriété et la taxation des fermes et des jardins de la Maison impériale, encaissait le loyer des propriétés saisies et s'occupait des rentrées et des sorties d'argent.

Bureau chargé d'encaisser le loyer des propriétés saisies

营造司
Department of Works
Oversaw palace construction

This department was responsible for repair work and renovations within the Forbidden City, and for managing a number of storehouses for lumber, iron, charcoal, firewood, and other materials needed for its work.

Lumber storage
Metal storage
Building core office
Tool storage
Firewood storage
Charcoal storage
Storage of firewood and charcoal for the summer palace
Metal workshop
Lacquer workshop

La Direction des travaux
Chargé des activités de construction dans le palais

La Direction veillait aux réparations et aux rénovations à l'intérieur du Palais impérial, ainsi qu'à l'administration de plusieurs magasins : de bois, de fer, de charbon, de bois de chauffage et d'autres matériaux nécessaires.

Magasin de bois
Magasin des métaux
Bureau de l'entretien des bâtiments
Magasin des outils
Magasin de bois de chauffage
Magasin de charbon
Magasin de bois de chauffage et de charbon pour le palais d'été
Atelier de métaux
Atelier de laque

庆丰司
Pasturage Department
Cared for imperial herds and flocks throughout the empire

This department also administered animals given to the emperor as tribute, such as horses.

La Direction des pâturages
Responsable des basses-cours et des troupeaux impériaux à travers le pays

La Direction s'occupait aussi des animaux offerts en tribut à l'empereur, comme des chevaux.

慎刑司
Department of Justice
Handled misconduct and punishment of palace officials

This department deliberated on substantial misbehavior by officials and sub-officials of the Imperial Household Department, but if a case seems to have had jurisdiction over the criminal misdeeds of the eunuchs, including some of the most serious cases. Crimes for which the punishment exceeded one hundred blows were referred to the Board of Punishments.

La Direction de la justice
Chargé de punir les écarts de conduite des fonctionnaires du palais

La Direction examinait les cas d'inconduite notable chez les fonctionnaires de la Maison impériale et s'occupait également aussi des délits commis par les eunuques, y compris des cas graves. Les crimes exigeant plus de cent coups (de bâton) étaient déférés à la Commission des châtiments.

OTHER OFFICES
LES AUTRES BUREAUX

织染局
Imperial Weaving and Dyeing Office
Produced silk for the palace

This office managed factories located outside the Forbidden City. They produced silk for use in the palace, and for sale to other locations, generating an important source of revenue for the imperial treasury.

Imperial factories at Suzhou
Imperial factories at Jiangning
Imperial factories at Hangzhou

Bureau impérial du et de la teinture
Production de la soie pour

Le Bureau gérait les manufactures de la Cité interdite qui produisait le palais et pour le marché. Elle importante source de revenus

Manufacture impériale de
Manufacture impériale de
Manufacture impériale de

费藻鸽成及六外鹭阄鹿
Imperial Hunting Aviary and Kennel
In charge of animals for the imperial hunt

Falcon, Kite, Hawk, and Eagle Cages
Dog Cages

Volière et chenil de
Responsable des animaux pou

Cages à faucons, milans, é
Cages à chiens

御茶膳房
Imperial Kitchen
Prepared food for the imperial family and palace staff

Imperial kitchen
Inner kitchen
Outer kitchen
Imperial serving room
Imperial tea house
Princes' tea house
Archive
Meat house
Dried meat storage
Silver vessel storage
Meat purchasing office

Cuisine impériale
Chargée des repas de la fa et du personnel du palais

Cuisine impériale
Cuisine intérieure
Cuisine extérieure
Salle à manger des princes
Pavillon de thé impérial
Pavillon de thé des princes
Archives
Maison des viandes
Magasin des viandes séché
Magasin d'argenterie
Bureau d'achat des viandes

陵寝官
Department of Cemeteries and Tombs
Managed the security and construction of imperial tombs

Direction des cimetiè et des tombes
Responsable de la sécurité et de la construction des ton

内管领处
Chancery of the Imperial Household
Handled miscellaneous services at court

Inner and outer house of steam bone
Wine and vinegar house
Fresh vegetable storage
Vinegar house
Vehicle storage
Vehicle management office

Chancellerie de la
Responsable de divers serv

Maison intérieure et extéri des balgruits vapeur
Maison du vins et des vina
Magasin des légumes frais
Magasin des vinaigres
Garage
Bureau de gestion des tran

理理工程处
Imperial Construction Office
Carried out construction projects at court

Bureau impérial de c
Chargé des projets de cons

御船处
Department of Imperial Boats
Maintained boats for entertainment and festivals

Direction des embarc
Responsable des embarcati d'apparat

御药处
Department of the Imperial Dispensary
Prepared prescriptions for the imperial family

Direction de l'Infir
Chargée des ordonnances

御书处
Imperial Library
Coordinated print and conservation of imperial books

Inscription workshop
Mounting workshop
Inkstone workshop
Inkstone carving workshop

Bibliothèque impéri
Responsable de l'impressio et de la conservation des li

Atelier de gravure sur plan
Atelier des inscriptions
Atelier de reliure
Atelier de pierre à encre

养心殿造办处
Imperial Workshops
Specialized in the production of various materials for use at court

Payment office
Blueprint storage
Map storage
Project management office
Inspection office
Design evaluation office
Gold workshop
Jade workshop
Clock workshop
Glass workshop
Furniture workshop
Box workshop
Enamel workshop
Porcelain workshop

Ateliers impériaux
Responsables de la produ objets utilisés à la cour

Bureau des paiements
Magasin des plans
Magasin des cartes
Bureau de gestion des proj
Bureau de vérification
Bureau d'évaluation des de
Atelier d'or
Atelier de jade
Atelier d'horlogerie
Atelier de verre
Atelier de meubles
Atelier de boîtes
Atelier d'émaux
Atelier de porcelaine

敬事房
Attendants Office
Also known as the Office of Eunuch Affairs

This office coordinated all eunuchs. It was also responsible for circulating court documents and edicts among the departments of the Imperial Household Department.

Bureau des domestiq
Également connu sous le no des eunuques

Le Bureau coordonne les eu eunuques et distribue les do decrets aux différents servic

图3.14:"紫垣撷珍"展览中关于"内务府"的释展图示

角度对不同层次的观众传达展览思想；释展是让观众读懂展览、欣赏展览、评论展览，在他们的心里留下展览[1]。

陈展：内容和形式的矛盾与统一

　　本章开头已经指出，展览不是博物馆的专利。看过展览的人可能会觉得做一个展览并不难，只要有"展示的物件"和"陈列的说明"就可以了。当然，如果只是把展品、道具、图文说明、展柜、灯光合在一个场地里，也不能不承认这就是一个展览，但是这样说其实并不准确，严格意义上应该叫"展览陈列"，或是叫"陈展"。

　　根据最新的统计数据，2019年间，中国有12.27亿人次参观了约2.86万个展览，比上一年增加1亿多人次[2]。如何让博物馆中的艺术、文化和科学知识成为与当代民众生活息息相关的一部分；如何让公众感到属于他们的文化价值在公共空间内逐渐得到认可，在一个个绚丽多彩的展览中有所呈现，是目前中外博物馆在二十一世纪发展道路上共同面临的首要问题。对这个问题的具体落实即是对博物馆的决策人和策展人心灵的拷问：全国一年近

1　沈辰、何鉴菲：《"释展"和"释展人"：博物馆展览的文化阐释和公众体验》，《博物院》2017年第3期。

2　李瑞、徐秀丽：《2020年"5·18国际博物馆日"中国主会场活动开幕式在南京博物院举行》，2020年5月18日，http://www.ncha.gov.cn/art/2020/5/18/art_722_160585.html。

三万个展览中难道只能推出十个精品展吗？有多少观众能真正关注博物馆行业内的十大精品展？如何让上亿的观众依然记得历年十大精品展的题目和内容？尽管这样的观众调查有点苛刻，但比较一下2019年度影视界推出的2547部电视剧，就会发现虽然有大量剧目观众不知其名，但热播剧《知否知否应是绿肥红瘦》《都挺好》《陈情令》《精英律师》和《庆余年》等不仅吸引了上亿观众，甚至不同程度地引发舆论爆点，至今仍令人记忆犹新，回味无穷。当然，把博物馆界和影视界相比有点不太符合情理，但是如果博物馆在新的世纪重新以面向公众的宗旨来定位，那么对于公众而言，去博物馆参观展览和去剧院欣赏电影的愉悦体验也应该所差无几吧。所以，博物馆从业人员应该在新世纪认真思考这样一个问题：如何在为公众提供赏心悦目参观体验的同时，也能够让宝贵的文化遗产留存于观众心中，这也恰恰是我们努力策划一个个展览的基本前提。

面对全国一年中的众多展览，业界和公众对陈展的话题也比较多。一位有相关工作经历的网友"大5E"，结合她的工作经历，在网上留下了下面一段话：

> 在我们做科技馆青少年科普展项的时候，不应当以成年人（阅尽一切）的视角来评判相关话题、知识点或者活动是否有趣、好玩，揣测孩子们是否会对相关事务有足够的探究兴趣。但是，如果不能充分说服主观上对这些事物不感兴趣的业主方，不能让他们认定这些展项是足够好玩、有趣、可实现的，那么目标群体就根本没机会见到这些展项（这就要说到我们缺乏的原型实验+用户调研了，但是话说回来……这和做设计时，甲方的审美水平决定了设计成果的高下是一样的）。同样，我觉得有意思、有价值的内容，即使是基于已有的成功案例，也总有人觉得太无聊、太浅显、太难懂、不互动，没有人会感兴趣……（说到互动，其实不是推拉摇按才是互动，花时间去观察、去思考也是一种互动，是mind-on头脑思维的互动）所以话再说回来，一件事能够落实，说服甲方是很关键的[1]。

---

1 以上内容来自于网友"大5E"的朋友圈分享。

在这里，我想尝试为这位作为"乙方"的网友来说服一下"甲方"，即"展览决策方"。当然，在国内博物馆展览实践中，甲方可能是博物馆方，也可能是能够代表博物馆主导策展方向的文化管理机构。

在传统博物馆时代，展览可以永远以藏品为基础，循环复制，推陈出新。二十年前，一些国家级博物馆一般会按时代、地区、藏品材质推出历史文物展，比如国家博物馆的边疆历史文物系列展曾经是轰动一时的文化大餐，这是与当时公众对历史知识的渴望和近距离观看国宝的需求相一致的。但如果同样的历史文物系列展在已经飞速发展的当代博物馆展出，如果大多数观众现在已经具备了历史文物的基本知识同时也大幅度提升了欣赏展览陈列的眼光，那么，这些相同的历史文物展览主题在策展思路和视觉呈现效果上应该有怎样的不同呢？

一个博物馆的定位和观众对该博物馆的期待是动态发展的。一个叫好叫座的"国宝展"在一个博物馆中成功，不一定也会在另一个博物馆中成功；十年前的某个"十大精品"展览，如果现在再次复制在同一博物馆中，同样可能会让观众感到失望。因此，当代博物馆的策展思想，首先应该是策展人就当下情形思考的创新和突破：同样类别的展品可以有不同的主题表达，同一展览的主题可以用不同的展品来表现；不同时代和不同文化区域对于同一展览主题的呈现也需要用不同的阐述方式。总之，展览的定位一定要建立在博物馆发展趋势和公众期待值持续稳定的基础上，才有可能对一代观众产生影响，才能形成一个具有价值的精神遗产。

与公众产生共鸣的展览，不仅仅要在内容上提高观众的认知，也必须在形式设计上刺激观众的感官以提升其在博物馆中的体验。这就需要我们讨论一下当代博物馆中展览内容和陈列设计的关系。与时代共鸣的展览，自然要考虑到不同观众群体对时尚和设计格调的认知，同时也应尝试把曾经遥不可及、深不可测的国宝和象牙塔里的知识，通过"释展"的方式拉近其与观众的距离。

如果我们认可上面这一点，那么就能够理解当前博物馆展览主题内容和陈列设计的关系，应该是在提高观众参观体验的前提下两者的相辅相成和相得益彰。博物馆从业者们或许还记得新禧年之初博物馆界的一场关于展览内容和形式关系的大讨论。内容是指以藏品为本的重学术、重考证、重逻辑的展览内容，形式是指以视觉效果为目的的重形体、重色彩、重灯光的陈列形式。在2000年7月《中国博物馆》和南京博物院联合举办的"博物馆陈列总体设计"研讨会上，中国博物馆界前辈马承源先生呼吁展览中内容应该决定形式，他认为："陈列体系的学术价值主要是指体系本身体现的历史真实性和体现学者的创见，这两方面在陈列中是非常重要的，是灵魂性质的东西。陈列技巧就是它的外衣，外衣关照得再好，体系本身学术性不足或缺乏科学依据，即使没有任何制作上的大错误，还是平平淡淡的，这个陈列是吸引不了人的。关键是体系本身是怎么研究的，有什么创见，这是最主要的。"[1]

而与此相对的是李文儒先生的观点："展示的研究更直接更关键的是形式的研究，展示是一种视觉艺术，以内容研究为基础的陈列大纲提供的仅仅是文字，对陈列来说，更重要的是寻求和创造表现内容的形式；就陈列艺术而言，形式即内容。陈列研究的结果，即它的表现与存在方式是形式。从观众来讲，陈列面对观众，陈列研究包含对观众的研究。从接受者的角度看，首先接触到的是形式，只有通过形式才能进入到内容。"[2]二十年前两位先生的观点今天看来仍然是既中肯又具有前瞻性的。他们对学术内容和陈列形式在展览中的重要性一语中的，至今仍有指导意义。

二十年前的这场大辩论，可以说是中国博物馆在转型过程中的必然经历，也是对中国博物馆建设中传统"三部制"的反思。内容和陈列设计的关系问题，是博物馆策展的根本问题。在当代博物馆的策展中，也是展览主题立意和陈列叙事设计的关系阐述。理论上，如何处理好内容和陈列设计的关系会涉及博物馆管理机构的调整，在实践中也关乎展览策划中甲乙双方的合作关系。

众所周知，中国的博物馆建设从二十世纪五十年代起依循了苏联的体制，以"藏品部""陈列部"和"群工部"（后来以"社教部"代替）三部为博物馆管理和运营的主体。藏品部以文物研究和典藏管理为主，陈列部专职博物馆展陈设计和

1 《一场关于内容与形式的讨论》，《中国博物馆》2000年第4期。

2 《一场关于内容与形式的讨论》，《中国博物馆》2000年第4期。

展览方案，而群工部侧重于博物馆社会教育职能。"三部制"在社会主义计划经济体制下一定程度上发挥了博物馆的重要职能，但是在改革开放后的市场经济体制下已无法满足博物馆日益发展的需求。宋向光先生在题为《论博物馆"三部制"的完善与发展》长文中，针对这一博物馆管理模式对博物馆运营和展览策划的优劣性作了全面的探讨，这里不再累述[1]。需要指出的是，由于这个传统模式的长期存在，使中国博物馆近年的展览策划或多或少地受到了该体制的影响。因为在这种体制下，"陈列部"中的专业研究人员履行的职责可能与现在西方博物馆中的展览项目经理或展览设计师的职能相当，而其作为"策展人"的专业研究能力因为与"藏品部"的脱节而受到局限，不能发挥其策展人的专业水准。而一些专业研究能力较强的博物馆（如国家博物馆、故宫博物院和上海博物馆等），以及可以依托文物或考古研究机构的博物馆（如南京博物院、湖北省博物馆、山西博物院等），可以通过专业分类的部门制（如"研究中心""青铜部""书画部""宫廷部"等）来对策展职能进行重新组合，从而推出既有专业水准又有陈列策划效果的展览。近年来，在组织机构的设置上，为了尽量避免因传统部门间的协作困难给策展带来问题，出现了很多围绕curator制度进行探索的实践和相关文章。胡锐韬从广东省博物馆展览项目主持人实践尝试出发，探讨了如何建立博物馆新型策展人制度[2]；陈晨的论文围绕"策展人制度"项目化管理方式的探索，提出建立"策展人制度"[3]。建议建立"策展人制度"的初衷，我认为就是希望改变在"三部制"模式下的策展方式，由部门"三部制"向展览"一条龙"实行转变[4]。

1　宋向光：《论博物馆"三部制"的完善与发展》，《考古学研究》1997年。

2　胡锐韬：《试论新型博物馆策展人制度的建设——以广东省博物馆的展览项目主持人实践为例》，《中国博物馆》2015年第4期。

3　陈晨：《关于博物馆"策展人制度"项目化管理方式的构建》，《中国博物馆》2015年第4期。

4　"一条龙"制是按照博物馆藏品的学科专业属性设置业务部门，每一个专业部门既包括藏品的征集、鉴定、保管和研究，也负责陈列展览的设计与布置，每个专业部门都是一个相对独立的实体，内部以纵向链式分工。各专业部门的业务人员既从事藏品征集、保护和研究，又负责陈列展示工作。引自《博物馆学概论》编写组：《博物馆学概论》，北京：高等教育出版社，2019年，第246页。

所以，在展览策划和陈列设计上，当代博物馆和传统博物馆的不同就是要走出传统的展览规划和管理模式。当代博物馆推出"以观众为本"，也不仅仅是加强陈列展览的视觉效果，而是更需要具有强大的专业研究能力和多维度的知识结构作为展览的学术支撑。所以，内容和形式缺一不可，不仅仅是谁主导谁的问题。

传统博物馆中的"三部制"模式，主要以文博和考古专业的研究人员为主进行策展。而当代博物馆在策展方案中除了需要依靠文博考古专业知识外，更需要依托各类其他专业的技术人才，比如有商业管理知识背景的项目管理人才，设计专业毕业的平面或空间设计人才，有商业艺术知识的灯光摄影人才和影视编辑人才。一个具有强大学术基础和历史渊源的博物馆在展览策划上不能再局限于拥有历史、文博和考古知识背景的专业人才，而必须以海纳百川的胸怀吸引各路专业科班出身的人才，来共同打造喜闻乐见的展览。所以，策展不再强调某一个人的能力，而是强调一个"策展团队"的共同努力。在这个团队中，引领展览主题内容的是"策展人"，主导展览陈列的是"设计师"，而能够把"内容"和"陈列设计"综合协调起来的人就是"释展人"。

有了这样的"策展团队"，就能在当代博物馆中策划出一个个不同于其他文化场所（社区活动中心、艺术展会、大学画廊）的展览。后者或许要的是一个对十八般武艺都略知一二的"策展人"，而前者依靠的则是学有专长、身怀绝招的掌门人"curator"。因为，有主题立意的展览内容必然是有专业学术基础的，而让观众流连忘返、津津乐道的展览，也一定有出色的陈列设计为支撑。

我常常强调，策展的源头是curator的研究，依托博物馆的宗旨和展览策略，由策展人规划出一个展览中心思想或主题立意，再与博物馆决策人（可以是馆长或主持展览的副馆长）计划出展览需要达到的效果和目标。有了展览主题立意和展览目标，由项目经理人（project manager）运行的"策展团队"才可能有核心思想和目标执行方案。这个时候，策展团队中阐述内容的"释展人"和主导陈设的"设计师"才能介入展览，配合策展人讨论展览"叙事"的方案。换言之，释展人和设计师在策展人的展览大纲出台前是不需要参与的，只有在得到博物馆决策层核准的展览主题后，才能在策展人的指导下开展他们的专业工作。

需要强调的是，得到博物馆决策层核准的策展人展览大纲，绝对不等同于一些展览公司提交的一本本图文并茂的展览方案。展览方案应该是对展览大纲的深度解读，是在策展人主题思想指导下的释展方案和视觉设计方案之合。对展览方案的修改，绝不是对策展人思想的推翻和改变，而是通过调整释展和视觉设计方案来更好地提升和体现策展人的展览主题。这样的释展方案和视觉设计方案就是策展人需要从释展人和设计师那里得到的专业帮助。策展人的展览大纲是真正的"纲"，释展人和设计师的展览方案是"目"。只有"纲举"才能"目张"。所以说，策展人在展览策划中是灵魂，而释展人和设计师赋予展览血肉，给予展览形体。

前面说到，策展人的职责是对展览核心价值提出旗帜鲜明的观点，并以其学术理论为基础做出阐述。但是，在当代博物馆面向观众讲好文物故事的宗旨下，作为学术代表的策展人，他们的短板也正是缺乏接地气的展览叙事手段。策展人需要具备术业有专攻的知识背景，但是释展人只需要百科全书式的知识容量和对科普性文字的驾驭能力。释展人可以帮助策展人将象牙塔里的学术研究成果，通过展览叙事提升展品存在的价值并普及展览核心内容和思想。

除了编辑策展人的展览内容外，释展人的另外一项重要工作便是将策展人的展览核心思想传达给陈列设计人员，并一起完成从文字到视觉上的过渡，以观众能接受的认知来表达策展人的学术观点，形成陈列设计方案。

三四十年前将文物置放在红色丝绒展台上的那个时代已经渐渐远去了。展品需要配置的展台形式，展台需要的颜色，特制的说明展牌以及文物的灯光等诸多因素搭配在一起，才能在视觉上给观众提供参观的愉悦体验，但这并不是策展人需要做的决定，而是专业设计师的责任。然而设计师在陈列方案上做出的决定，不是脱离内容基础的天马行空，更不能是对已有方案毫无创意、换汤不换药的简单重复。释展叙事和陈列方案的核心是向策展人和博物馆决策人说明其围绕展览主题立意的提升，即展览方案中的展陈文字和设计效果图如何表达和提升了已审核通过的展览主题立意和展览目标。目前我们常常可以看到，有一些展览在形式设计上过于炫目，而观众却对展览主题一头雾水。这种情况的出现，也正说明了设计师的视觉展示方案大于叙事内容，是设计师在对策展人的主题立意和展览思想缺乏理解的基础上做出的方案，这样便会造成内容与形式发生偏差的局面。但如果设计师在编写方案前只有文物清单，缺乏对策展人展览主题立意的理解，则会形成内容与形式的两张皮，是非常不可取的。

那么，展览释展人和陈列设计人员如何帮助策展人传达展览的主题立意和故事线呢？从技术实践上讲，不少展览运用了"动漫""幼儿问答"和动手动脚的"互动"辅助道具来完成这个目标。很多情况下，正如前文提到的"大5E"网友所观察到的，展览中的互动展项往往只是为了"互动"而"互动"。所以，回答这个问题我们需要从展览主题立意说起。展览主题立意，是笔者用英文的"big ideas"翻译过来的。也就是说，一个展览的"big ideas"或主题立意就是一个展览在其具有学术和社会价值的基础上的展览内容大纲。展览需要通过一条主线串联几个关键信息（key messages），以表达其主题立意，这便是策展人需要认真完成的策展工作。

那么，为什么展览必须有策展人的展览主题立意呢？这是当代博物馆在转型过程中"以观众为本""讲好文物故事"的宗旨决定的。然而，正如周婧景提到的，目前"阐述性展览"仍存在几个问题：（1）忽视阐述的整体性；（2）主要依赖文献而非实物承载信息；（3）习惯于百科全书式说教；（4）重视陈列方式创新而非内容创新[1]。其实归根结底，就是在阐述性展览的策展中缺乏一个提纲挈领的主题立意。只有有了立意大纲，释展的阐述工作和陈列的设计工作才可能有策略性地、有效地围绕主题展开叙事，最终完成策展人和博物馆决策层既定的展览目标。

为了更好地理解策展人的主题立意和陈列设计策略的关系，下面介绍两个ROM的展览项目。一个是2020年度的"小熊维尼：经典的探索"（Winnie-the-

---

1　周婧景：《阐述性展览：试论当代展览阐述的若干问题》，《东南文化》2019年第6期。

Pooh: Exploring a Classic，以下简称"小熊维尼"），另一个是正在策划运作的2021年度的"深海之中：三鲸传奇"（Into the Deep: A Tale of Three Whales，以下简称"深海之中"）。这两个展览的简要内容可以在ROM官网"正在热展"和"展览预告"中查阅到。

我们先看看"深海之中"的展览主题立意（以下均由英文方案翻译而来）：

● 来自大西洋西北部的巨型鲸鱼（地球上最大的哺乳动物）外形十分壮观，品类独一无二，却因为人类活动而处境危急，但是如果人类及时采取行动帮助它们，它们还有希望回到深海。

可以看出，策展人提出的这个主题，不仅仅是介绍"外形十分壮观，品类独一无二"的大西洋西北部（加拿大海域）的巨型鲸鱼，更是呼吁人类需要及时行动起来拯救濒危动物。后者就是展览需要传达给公众的一个展览思想。

针对这一ROM的原创展览，策划该大型展览的战略目标（strategic objectives）是：

● 利用蓝鲸展的巨大成功，驱使观众参观，从而提高展览收入；

● 提供相关话题，以期吸引不同的观众群；

● 平衡ROM原创展和借展之间的关系；

● 通过突出ROM的收藏和学术研究深度打造品牌；

● 促使ROM的原创展览能巡回展出。

为了达到这样的目标，策展人对策展团队提出的要求是：观众在参观完展览之后，能够针对以下几点有视觉、感官和认知上的收获和愉悦，以达到较好的参观效果（visitor's outcomes）：

● 对世界上三条大鲸鱼感到敬畏；

● 对它们独一无二的生态和行为产生强烈兴趣；

● 震撼于鲸鱼从陆地到海洋的惊人进化；

● 关注到加拿大两个（鲸鱼）物种的岌岌可危；

● 受本展览的启发，采取行动保护鲸鱼；

● 为ROM所做的保护工作而骄傲。

对比可知，策展团队需要执行的策展方案中提出的观众参观效果的目标，是符合展览主题思想和展览目标需求的。因此，在这样的前提下，我们的释展人可以提出以下几个阐述方案作为展览的新亮点（new highlights）：

● 两个额外的大型鲸鱼骨架；

● 回声声道；

● 数字化还原已经灭绝的鲸鱼；

● "你能做什么？"——保护鲸鱼的互动活动。

接下来的工作，就是策展人、释展人和设计师在一起，就这些纲要提出翔实的展览文本。这时，展览的文物展品清单才会变得越来越清晰，展览叙事的逻辑也会越来越明朗。

另一个展览是从英国维多利亚和阿尔伯特博物馆引进的"小熊维尼"。维尼的原型是加拿大的憨厚小黑熊，后来摇身一变成为英国儿童故事书和动漫影视的主角，成就了被世界各地几代人喜爱的童话故事。由这个经典改编而来的博物馆叙事展览，巡展到了加拿大多伦多，我们应该怎么做？ROM策展人如何定下主题基调，而释展和陈列设计如何跟进？下面解释一下我们策展团队的方案。

ROM的策展人提出的"小熊维尼"在多伦多展出的主题立意是：

● 进入一个儿童故事书中的充满想象力的世界……

● 和小熊维尼一同漫步，穿过百亩林，了解究竟是什么启发了作者A.A.

Milne和插画师E.H.Shepard创造这样一个魔法世界，并感知这个故事是如何教会一代又一代的孩子关于友谊、宽容和合作的。

在这里，释展人和设计师需要抓住的关键词是：故事中的世界、教育、友谊、宽容和合作。释展人需要进一步和观众一起探索：是什么缘由让小熊维尼的创造者创作出这个充满想象力的魔法世界。

在这样的主题立意下，策展团队可以制定有关展览参观效果的方案，以求达到以下目标：

（来看这个展览的观众将会）

● 看到小熊维尼这一经典故事的许多灵感来源，包括真正的加拿大黑熊；

● 了解并回忆小熊维尼这个角色，以及他的冒险经历，并且从中有所收获；

● 欣赏作者Milne的文字和插图师Shepard的插画创造的美与和谐；

● 认识到故事中角色经久不衰、蜚声国际的吸引力，并在一个安全、有教育意义、令人着迷的环境中享受家庭时光。

上述四个方面的展览核心要素，就是策展人提供给策展团队中释展人和设计师的展览主题立意，并让他们可以进一步发挥其专长来提出具体的可执行性方案。可以看到，设计师需要把握的是"魔幻世界"、原创的文字和插画的"美与和谐"、"加拿大黑熊"和他们的"野生环境"以及"家庭时光"等要素。在充分表现这些条件的前提下，设计师可以有无限的想象空间和创作自由。但是策展人需要时时与设计师进行配合，了解什么样的视觉设计可以更好地表达上述的主题立意，而且能全面地、忠实地完成展览既定的最终目标。只要是能够提升这些既定目标的观众体验，策展人就应该尊重释展人和设计师的专业方案。反之，如果释展人和设计师提供的方案无法完成上述目标，那就需要在策展人的指导下更换方案，甚至换人（或公司）。我想，如果以这样的理由要求修改陈列方案，网友"大5E"所代表的乙方应该心服口服并且会努力配合"甲方"的工作。

评展：不是观众问卷和社交媒体的刷屏

释展是让观众看懂展览，观众看懂了展览就可以参与展览的讨论和评议。虽然传统上的评展是由专业领域的人士在艺术文化专业期刊和主流媒体上完成的，但是随着新媒体和自媒体的发展，观众自发进行的评展力量也不可小觑。

近几年来，国内博物馆的大展、特展层出不穷。每年举办的"全国博物馆十大陈列展览精品评选"，从质量和内容上看，比十年前确实有了巨大的提升。随着新媒体的蓬勃发展，大多数博物馆也充分利用这一平台，进行"造势"和"宣传"。每推出一个特展，博物馆都会动用自己的一系列平台——微信公众号、微博甚至抖音进行"营销"。"刷屏"和"流量"似乎已经成为一个"好"展览的充分且必要条件。

新媒体的介入是应时而生、无可厚非的，但是需要先明确一个关系：自媒体或新媒体的"刷屏"与"流量"不能和展览的质量或成功直接画等号；博物馆展览的"营销"，也不能等同于"自己"的放大宣传。

过去，观众在参观展览之后产生的口碑，是评价展览举足轻重的衡量标准；而现在，发个微信朋友圈，或在"脸书"上吐个槽，就足以"颠覆"大众对展览的认识了。

所以，不管博物馆希望如何"从正面"宣传展览，也不管"挑刺儿"的观众如何在网上挑衅，一个能留在观众心里的展览，确实需要有专业的、接地气的、客观的、大众认可的展览评论。评展不是简单的观众反馈，也不是社交媒体的刷屏。

那么什么是评展？准确地说，应该问什么是"展评"。展评（exhibition review）即艺术文化界常见的、带有强烈倾向性但却不失客观的观点，有批判性但又有建设性意见的展览评论。展评，和其他人文类的评论如影评、书评等一样，都会为它的读者带来导向性意见，从而产生两种结果：要么给博物馆展览带去一批平日里不关注博物馆的观众，要么让一批准备要去看展览的观众改变了计划。客观、中肯的展评，必然会加强观众对展览中艺术品和文物的深度理解，也理应提升观众参观博物馆展览的体验。

这里提到的展评和展览评估（evaluation）不是一个概念。后者是基于观众调查和博物馆内部评估对展览的得与失做出的评判，它的主要目的是针对博物馆展览策略和策展程序提出下一步修改意见。比如，curator 挑选出来的展品因为文物品相需要文保员修复而耽误了布展日程，以后为了避免这种情况，策展程序中就必须让文保检测工作提前若干时间段。再比如，观众对展览的参观空间不满意是因为展品太多和展柜密集造成的参观空间被挤压缩小，就要求以后的策展应在保证观众参观空间的前提下考虑展品的数量和展柜的布局等等。展览评估更强调具体的工作有没有到位，但这里的展评则更注重评论展览的策展思想方面，是从观众的角度对展览的深度进行挖掘。

展评一般是由专职的艺术展览评论员给主流媒体供稿，或由艺术文化类专业杂志或学术杂志特邀博物馆策展人或专业领域里的知名学者为其撰稿。有的报纸会在周末版上开辟专栏发表重要的展览评论，如《纽约时报》《华盛顿邮报》和《环球邮报》等。有的艺术杂志如《艺术新闻》（ART NEWS）的重要部分就是展评。西方艺术界中，展评人常常会站在学术和观众的角度对博物馆展览进行独立审视而发表意见。他们往往会因为犀利的视角和近乎苛刻的挑剔而闻名于业界，但是得到他们的赞誉甚或是批评也会让展览的策展人名声大噪，当然有时也会让策展人苦不堪言。有影响的展评会对博物馆展览的宣传，乃至博物馆的声誉起到举足轻重的作用。

因为有这样的展评人，博物馆才不敢妄自尊大地宣传自己的展览。因为有这样的评展体系，博物馆的策展人都是战战兢兢、如履薄冰地等待展览开幕后的展评。对博物馆的curator来说，业界中"展评大佬"的结论才是对他策划的某个展览的最终"判决"。

为什么纽约会有那么多优秀的展览？或者说，为什么让人津津乐道的展览多半在纽约？这与《纽约时报》每周六的展览评论有着莫大的关联。《纽约时报》展评当然主要针对在大纽约地区的博物馆展览和艺术展览。而北美博物馆专业人士和策展人都会关注《纽约时报》的展评，他们的评展往往也会成为大多数博物馆做展览的风向标。

2016年，ROM成功举办了有争议话题的"日本江户时代美少年"展览。在博物馆的官网上，今天还可以看到ROM的官方展览介绍：

> 四百多年前的日本，有一群年轻美貌的少年，叫"若众"，他们在歌姬厅中为男性和女性客人提供特殊服务。作为第三性，若众美少年在相貌上有别于一般男性和女性，在江户时代的社会和性文化中起到了独特的作用。

> ROM原创展"第三性"，探索了公元1603—1868年的江户时代复杂的性文化体制和社会对他们的需求和期待。通过展示ROM收藏的精美的版画、绘画、连环画、和服和武器，讲述了一个人类性文化史中不可忽视的故事。因为当前北美社会中价值观的不确定性，"第三性"展览邀请你和我们一起从不同的角度来思考性别和性这个问题。[1]

展览在多伦多收到意想不到的效果，我们到后面会继续讨论。第二年，位于纽约的日本协会博物馆要求引进这个展览。在开幕的第一个周六，《纽约时报》就发表了一个展评。作者苏珊·奇亚拉（Susan Chira）是《纽约时报》三十多年的老牌记者，常常撰写性别和艺术专栏。她写道：

"第三性：日本绘画中的美少年"展览的莅临正时值美国和其他地区为不同性别文化作用而骚动的时机。（图3.15）

图3.15：2017年3月11日《纽约时报》周六艺术版关于ROM展览的展评

两相比较可以看到，ROM的展

1　见ROM官网：https://www.rom.on.ca/en/exhibitions-galleries/exhibitions/a-third-gender-beautiful-youths-in-japanese。

览目标就是希望北美社会通过日本古代艺术品的展示，来讨论当代社会的性别文化价值观。而奇亚拉的展评正印证了ROM的展览走进纽约就发挥出了这个关键的作用。也就是说，在展评人的笔下，ROM的这一个具有挑战性的展览达到了我们的策展目标。

所以和释展一样，评展也具有如下四个特点：第一，它是对展览思想严肃的学术拷问；第二，它是对展览独特性和专业性的审视；第三，它也是检验策展是否达到目标的主要手段；第四，它更是帮助观众理解展览和欣赏展览的有效媒介。

下面，我再举两个展览案例来说明展评对博物馆展览的作用。一个展览是ROM原创的迪奥展（Christian Dior），另一个是ROM引进的印度孔雀王国的皇室收藏艺术展（Treasures of a Desert Kingdom: the Royal Arts of Jodhpur, India）(图3.16)。这两个展览的内容在博物馆的官网上都能找到，这里不做赘述。

展评人米歇尔·德·席尔瓦（Michelle de Silva）认为ROM的迪奥展并不是单纯的时尚展。"在博物馆的情境中，这些华服为讨论性别职能、快餐时尚和政治时事的话题提供了一块跳板。"[1] 米歇尔是知名记者、音乐节目主持人，写作内容覆盖广泛，包括人物访谈、生活时尚、影视评论、艺术展览、音乐、多伦多本地新闻时事。她认为"ROM对于Dior职业生涯早期的重视意义重大，因为正是在那个时期Dior做出后来被称为'新风貌'(New Look)的设计"。她继续为

图3.16：ROM"来自沙漠王国的珍宝——印度孔雀王国皇室收藏艺术展"

1　Da Silva, Michelle, *NOW magazine*: the ROM's Christian Dior exhibit is more about than fashion, 2017. https://nowtoronto.com/art-and-books/art/christian-dior-royal-ontario-museum-more-than-fashion/.

ROM宣传："这场展览最特别之处在于它完全是ROM的收藏。所有服装都来自多伦多名媛们的捐赠……"

可以感受到，米歇尔对ROM迪奥展的介绍，包括展览的藏品和策展思想，要比ROM自己宣传的效果分量重得多。

另外一位来自瑞尔森大学的博士候选人米兰·库蒂里耶（Myriam Couturier）在《服装文化》（Clothing Cultures）杂志上发表意见，认为这场展览把重点放在制作高级定制所需要的各色人才上——法式缎带制造商、纺织商、刺绣艺人、亮片手工艺人，将这些令人称奇的华服的制作过程分解呈现[1]。米兰的研究关注时尚、性别、视觉和物质文化的问题，其博士论文特别关注二十世纪多伦多的印制服装。她认为展览的另一大特色是："通过用电子相片展示服装细节，这场展览让观众能够无限接近这些珍贵藏品，欣赏诸如布料、接缝、胸衣、缝合、衣褶、衬裙还有手写标签这样的细节"；"通过展示个性化的细节和家庭照片，观众也能和这些服装产生联结——尽管它们仍旧是奢侈品，这种方式平衡了对于学术研究的展示、情感共鸣与视觉的吸引力，也生动说明了这些高级定制服装如何成为永恒的经典。"米兰的展评给观众提供了明确清晰的观展重点，也提醒观众在观展中不要忽视了服饰之外的文化信息。

针对印度孔雀王国的皇室收藏艺术展，艺术评论家凯特·泰勒（Kate Taylor）在加拿大的《环球邮报》发表评论："在多伦多的皇家安大略博物馆有一场全新的展览，来自孔雀王朝的古老印度艺术品熠熠生辉……来参观展览的观众可以从不同的角度欣赏这些珍贵的绿色宝石"；"这场展览中的珍贵展品极少在印度境外展出，近期在北美巡展。"[2]这种话在博物馆展览的新闻稿上常常出现，

1　Couturier, Myriam, Exhibition Review: Christian Dior, Royal Ontario Museum, *Clothing Cultures*, June, 2018, 5 (2), p. 303.

2　Taylor, Kate, *ROM's new Indian art exhibition showcases the dazzling grandeur of Jodhpur's royal collection*. The Globe and Mail (March 15, 2019). https://www.theglobeandmail.com/arts/art-and-architecture/article-roms-new-indian-art-exhibition-showcases-the-dazzling-grandeur-of/.

不足为奇。但艺术评论家在《环球邮报》的这个展评，相当于就ROM的这个展览做了一个大大的广告。

不过，凯特也发现了展览的问题——"没有关注仆役和劳工"，但她同时说明展览"的确花费了大量篇幅去阐述女性在印度王朝中的角色"。随后，她继续评道："令人欣喜的是这场展览不仅仅将这些画作视为记录社会的档案，也把它们当作是艺术品。"艺术评论家一定会关注谁是策展人以及他们都为展览做了什么。比如凯特也提到了"ROM的curator迪帕利在展览中加入了一个教育站去分析一张宗教画作中的符号和绘画语言"。不同的评展人都会有自己的看展角度。面对同样一个展览，多伦多自由撰稿人索尼亚·戴维森（Sonya Davidson）如是说：

> 展览的布局是专题性的——在深入历史与对艺术和文化遗产的纯视觉享受之间达到了平衡。这场展览的主题包括：艺术作为外交手段所具有的力量、女性在皇室中举足轻重的角色、通过艺术文化交流产生的思想交流，还有皇室对于保存文化遗产的不懈支持。

> 有一些展品专指向女性在这个王朝中的重要角色和地位。绘画和物品揭示女性在战略结盟中十分关键，同时也给新家庭带来不同的传统和文化。她们拥有权力和独立的财产。她们是艺术品的收藏家，也负责组织举行庆典和国宴。[1]

虽然对展览的学术考量和专业审视通常需要业内专家或艺术评论家来完成，但值得注意的是，在某种程度上，专家也是一类特殊的观众。因此，评展的实现过程，就是一种博物馆观众评估的实现过程。

评展不仅仅是为观众介绍博物馆展览的内容，更是去审视博物馆展览中的思想以及对思想的呈现是否得当。当学者和艺术评论家在展评中对一个展览发出失望的叹息的时候，这个展览成功与否就由不得社交媒体的刷屏和流量来衡量了。

1　Davidson, Sonya, ROM features rare palace treasures from Jodhpur, India. *Toronto Guardian* (March 14, 2019). https://torontoguardian.com/2019/03/rom-palace-treasures-jodhpur-india/.

什么是成功的展览？

当然，绝不可以认为评展人给予正面评论的展览就一定是好的、优秀的展览。因为我前面说了，评展是为了给观众提供更好的参观体验，也是为了给博物馆策展人打分。评展人对展览的释读也是他们作为观众角色在博物馆的体验。他们认为好的一面也许是博物馆策展人愿意听到的，但是其他的观众却不一定认同。而且，带有专业学术背景的或"毒舌般"挑剔的展评也是有极大的主观性的。

其实评价一个展览是否"成功"，何尝不是一种带有主观性的判断呢？

2002年，我策展的"千古遗珍：三星堆和四川古代文化"在ROM展出时我们增加了一个安阳文化的部分，形象生动地解释了神奇的三星堆文明的特点。包括加拿大《环球邮报》在内的展评一致叫好，特别是学术界认为这是非常不错、非常奇特的展览。但是门票却"上不去"。原因是，西方的一般观众并没有看懂安阳，那么和三星堆的对比也就无从谈起了。这是我亲身经历的一个叫好不叫座的展览。

西方观众叫座的"兵马俑展览"（伦敦大英博物馆展70万人次，多伦多ROM展35万人次），偏偏海外华人不屑一顾，认为不值得到海外的博物馆去看兵马俑，或者认为到海外博物馆看到的兵马俑都是复制品。所以，每一个观众对不同的展览的喜好都不会一样，因此更不要认为每一个成功的展览都会有一个相同的评判标准。

对于展览的评价活动，国内从1997年就开始了官方层面的"十大精品"推选。关于评选的标准，虽然先后公布了三个官方文件（分别是《全国博物馆十大陈列展览精品评选活动办法》《全国博物馆十大陈列展览精品评选章程》《全国博物馆十大陈列展览精品推介办法》），但是均没有涉及具体的评分细则。仅在最早出现的《全国博物馆十大陈列展览精品评选活动办法》中，对各单位需要提交的评选材料做出了规定，可以间接地视为评选的依据，具体如下：

（1）展览概况和主要特色介绍；

（2）展览大纲及内容设计方案；

（3）展览形式设计图和展示效果图；

（4）展览场景的实况录像或光盘；

（5）反映展出实景和展品情况的10寸彩色照片（不少于10张，扫描打印及复印等视为无效）；

（6）与展览有关的专业学术文章和出版物；

（7）观众数量、观众意见及《中国文物报》等新闻媒体对展览的宣传报道；

（8）其他与10个单项奖评选标准相对应的文字和图像资料；

（9）主创人员名单及简要的专业背景资料。

上述内容覆盖的层面很广，但是仍然缺乏明确的标准，也很难衡量出一个展览在观众心里的分量。

那么，到底如何衡量一个展览是否成功呢？

我认为这不是我能够回答的问题。有一次我突发奇想，随机挑选了十几位朋友，在他们清晨刚刚苏醒时发出一条短信："请您简单粗暴地回答我一个问题：你认为什么是一个成功的展览？"随后，我加了一条：不要思考，不要分析，最好是你没有睡醒前的本能答复。

这些朋友中有在美国和加拿大大学教艺术史的教授，有博物馆的策展人，有在博物馆工作的但不是策展人，有文博刊物的编辑，有国内国外读文博和艺术史专业的博士生（包括我自己的博士生），有在多伦多大学读博物馆专业的研究生，有博物馆志愿者，更有一些与博物馆不沾边的但跟着我看过几次展的普通朋友。

下面是他们的答复，全部照搬，绝无断章取义：

● 我觉得，第一反应是能让人心里倏忽一动的就是好展览；第二反应是能让观众看懂的展览就是成功的展览。

● 观众喜欢，业界认可。

● 一个提供视觉和其他感官体验的布局合理的空间，也要提供故事和知识。

● 第一，足够吸引各层次观众的（当然，观众过多，安排得井然有序是潜在的问题）；第二，具有良好的正确的文化传播意义（给观众深入浅出的知识传播而不是网红式的哗众取宠的博热度）；第三，具有优美的陈列设计和情境引导；第四，尽量照顾到不同参观层次的人群，即展览对一般爱好者和专业研究者都有价值。这些是主要的，其他的还有出版设计展览图录，多层次开发文创产品，特别是针对儿童和女性观众。

● 给最多的人留下最深的印象。

● 观众看得懂（即展览传播目的基本实现）。

● 有记忆点，比如观展完一周后还记得至少一件展品。

● 有带入感，藏品好的基础上让人回到或进入一种体验或一个时代，壁纸音乐都在内。

● 对我来说，应该是打破了我以往某种观念，有种"哇，竟然是这样的"感受的展览。

● 内容需有前因，有后果；不仅具有当时（人、物）的历史，如能加上同时代周遭的人与物，交流的结果出现在物质文化上；尽可能涵括结合政治、文学、诗歌、灵性；和现今连接，让观众能置身其中，产生共通感。

● 简而言之，能感动我，能置我于其中，能让我不断回味，谈论。

● 在展览期间就被人津津乐道，很多观众是从口口相传中得知，并来观看。若干年以后仍然被想起，并被提及的。

● 有出色的主题思想和扎实的研究水平，且尽可能多的观众能理解。

● 展览对材料的组织让人看完对一个以前不了解的问题或者有比较清晰的

认识，或者有了新的看问题、看材料的角度。

● 内容精彩！首先吸引人：有故事或有亮点，其次展陈不沉闷，不能有明显的错误。主体观众能看明白一半内容又看不懂一半。

● 惊奇的展览，比如说，某些不相关的东西，因为展览的理念有趣，可以把不相关的东西都摆一起，产生新的视角，让人开脑洞的那种。最好一两件精品点缀，要不然都是一般般的作品，不是特别让人有冲动去看展。

● 有故事的展览，而且有一到两件经典文物。

上面是他们心目中对成功展览的看法。他们的看法也是观众的看法。虽然不一定是成功展览的标准，但是我认为他们的看法比我们的标准更重要、更实在、更有启发性。

我曾经在面向学生演讲的报告中和其他的小文中提到评估一个成功展览的五个标准：精神遗产、观众人数、预定目标、媒体评议、学术评论。但是和他们的看法相比，显得如此的苍白。

虽然展览的目的因馆而异，但通常都离不开文化信息传播这一方式，因此，观众通过参观博物馆能够获得的信息量，可以视为衡量展览有效性的重要标准。其中，与观众获取的短期记忆相比，那些能够融入观众精神层面的"长期记忆"，则更能深刻地反映出展览对于观众的影响，从而让观众真正认识和理解该博物馆的特色和宗旨，这就是所谓的展览的"精神遗产"（legacy），也是理想状态下衡量展览是否成功的重要标准。参观人数是最传统的观众评估指标，也是最直观且最易获取的重要信息。尽管人们已经意识到，参观人数多的展览并不一定是"成功"的展览，这里面还要具体分析它的"回场率""首次参观比重""特展时期观众参观增长率"等其他信息，但是如果一个展览连吸引一定数量的观众都无法实现，那么自然很难称之为"成功"的展览。还有就是"预定目标"。正如前文所讲，策展时最重要的环节就是确定展览的目标，而在评展时，就是要检验展览的目标是否实现。这也是评展过程中最关键、最具有说服力的指标，其他指标的设定不能离开对展览预期目标的检验。

二十一世纪的博物馆追求的是为了观众而打造喜闻乐见的让观众看得懂的展览。当我们说这句话时，往往有一个偏见，认为这里说的"观众"就是低层次文化群体，如街头巷尾的大妈、开出租送客人到博物馆门口而自己从来不进去的司机等等。但是别忘了，来到博物馆看展览的观众中，也有教授、专家学者、艺术家、教育家、博物馆学者、研究生和大学生。观众都是有思想的，有思想的观众来看有思想的展览，有思想的展览才是更有意义的展览。有意义而有趣的展览才会有更多的观众，毕竟，观众才是每个展览的买单人。

人说秦始皇兵马俑是千人千面，而看兵马俑展览也的确是千人千议！

但是，千万不要急着说众口难调，因为我们还处在刚开始试图了解观众的口味是什么的阶段。

如果我们能把他们的看法总结下来，观众心目中喜欢的展览，也就是"观众看得懂、业界认可"的展览，也许该是这样：

● 有思想。

● 有创意，有吸引人的主题。

● 有经典的展品（文物或艺术品）。

● 有研究水平。

● 有故事，有亮点。

● 有惊奇的发现，新视角、新诠释。

● 有带入感，有体验感。

如果一个展览中有了这些元素，那么这样的展览就可以让观众带回一点精神，一点思想，一点感受，一点和自己生活相关的时代信息！这或许该是二十一世纪博物馆的展览，一个为观众而打造的展览。

4

四谈

全球化下的博物馆：

时空对话中的

艺术收藏

2019年4月，在多伦多召开的加拿大博物馆协会年会上，一位加拿大某地区博物馆馆长在我做完报告后提问："为什么与中国做展览合作，中国的博物馆馆长还不能做最终决定？"言下之意就是问：为什么每次展览合作的协议书最终都要经过国家文物局的批准才能生效？虽然我们常常会用不同的国情、不同的制度、不同的工作流程等理由来解释，然后呼吁一下理解万岁。但实际上，我认为造成这一现象的原因，在于中加两国不同体制下博物馆藏品所有权的不同，这种差异导致了两国博物馆对藏品使用和流动的决定权有不同的方式。

《中华人民共和国文物保护法》（2017年修正本）第一章第五条中对博物馆馆藏文物的归属做出了具体规定："国有文物收藏单位以及其他国家机关、部队和国有企业、事业组织等收藏、保管的文物……属于国家所有。"这意味着，无论博物馆的藏品——特别是文物类藏品以何种形式流通（主要是借展），都要对文物的所有者——国家负责，受国家职能部门行政管理的约束。因此，当中国的博物馆馆长在和海外博物馆商谈借展协议的时候，只有代表国家利益和政策的谈判权，最终的决定权则掌握在国家文物局手中。

这样一件在中国看来极其"理所应当"的事，在国外博物馆同行眼里变得有些"匪夷所思"。在他们的理解中，一个博物馆的馆长，无论他的博物馆规模是大是小、有无知名度，他都会拥有对馆藏资源的支配权和决策权。虽然他们知道，在中国或者其他不同的国家里，博物馆有一定的行政级别，比如国家级博物馆或省市县各级博物馆，但是一个博物馆的藏品能否借出、借出多长时间、如何借出等等，都应该由博物馆的馆长"说了算"。在欧美的博物馆中，无论公立还是私立，博物馆藏品的所有权都掌握在博物馆手上。西方的博物馆也并非全然不受政府资助，例如美国史密森尼机构和大英博物馆，同样也是以美国和英国民众或纳税人的名义来进行藏品的收藏与管理的（这也是这两个博物馆必须为纳税人免费开放的原因）。但是，博物馆藏品的管理权和决定权并没有上交给政府，而是在董事会的监管下由馆长负责。也就是说，馆长说藏品可以借展就可以借展，馆长说以什么条件借就可以以什么条件借。因此，当国外的博物馆馆长在和中国的博物馆馆长会面时，自然而然地认为这件事情完全可以由两人"握个手"来说定。当他们发现在"握手"之后所有的谈判又要再重新来一次的时候，就产生了本章开始时那个加拿大地区博物馆馆长的疑问。

有一句老生常谈的话：博物馆的文物和艺术品都是人类的共同遗产，都是跨越国界的文化遗产，应该是不分国家、不分民族，为了子孙后代而保护和传承的文化遗产。如果大家都虔诚地相信这个理念，那么为什么还会有文物追索的纷争，还会有原住民遗产的回归，还会有学术界关于"文化归属"（whose cultures）命题的讨论呢？

在这一章，我试图说明的是：博物馆古代遗物所展示的远远不止它们自身的古老（源远流长）和精美（无价之宝）。如果仅仅是"展示宝物"，那么我们博物馆的功能和价值还是停留在二十世纪。对于新时代转型后的博物馆，藏品是为我们和公众搭建起的升华文物文化属性的、可以进行深度讨论的平台。

相对而言，国内博物馆的藏品来源比较单纯，大部分是本地区的考古出土文物或采集品，也有少数文物是藏家的捐赠品，博物馆也会对社会上流传的重要文物进行征集。然而，欧美老牌博物馆的藏品比较复杂，有相当一部分藏品是十八、十九世纪在全世界通过征集、掠夺、强买等手段归入囊中的。像ROM这样博物馆中的百年老店，藏品也是来自世界各地。随着全球化的发展，各国博物馆开始逐步意识到海外文物归属的重要性。所以，认识海外博物馆馆藏文物在全球化背景下的文化属性，并使其在不伤害民族感情的情况下发挥作用，是二十一世纪博物馆成为公众文化枢纽的基本条件之一。

全球化下的博物馆

所谓"全球化"，不仅仅是国与国之间在政治、经贸上的互相依存，也是不同文化、不同思想之间的互相影响、互相渗透。这个过程包括了人类迁徙、贸易往来以及宗教、文化和技术的传播等等。尽管"全球化"这个概念在近几十年间才被广泛使用，但应该说全球化的历史非常悠久。当人类开始有能力、有智慧地相互交流和相互作用时就已经实实在在地发生了，石器时代的人类迁徙，历史上的"丝绸之路"等等，都是在向全球化迈进。而且它的规模和内涵随着人类对自然与技术掌控能力的提升而近乎"无限"地发展。所以，我们也可以认为，全球化的过程并没有一个终极目标，它和人类的创造力、适应力和自身需求相互依存。

从历史角度来看，推动全球化进程的动力是人类的需求，包括人类对生存的需求、对知识的需求和对智慧的需求。科学技术的进步为全球化的可能提供了技术支持与物质保障。十八世纪工业革命让人类跨越海洋成为可能，吸引了更多的人为了各种目标（贸易、生计、传教、学术、殖民等）"铤而走险"，也带动了更多平常人家对异国风情的好奇心。博物馆就是在这一时期的全球化过程中被催化产生并开始风行起来的。

当人们为了学业、事业或人生的各种目标迁徙并定居异地的时候，他们便格外在意自己"从何而来"。记得在我当年出国留学前，学到的最常用的一句英文口语就是："Where are you coming from？"到了美国、加拿大，每当我遇见一个新认识的人，最先问、最常问的也是"您从什么地方来？"问或被问，不仅仅是出于礼貌，而是有意无意地寻找"同乡"，其实也是一次又一次地在内心里强化："我来自哪里？"移民最在乎的就是他们的祖籍，最想保持下来的就是他们的本土传统。在多伦多市，不仅仅有唐人街，还有小意大利城、希腊城、韩国城等等。在一百多年前没有博物馆的时代里，多伦多遍布老乡会所、宗氏祠堂、庙会香堂。

一百多年以前，虽然有很多中国人在美洲修铁路，但他们并没有成为博物馆的观众，而是通过修建唐人街和祠堂来和自身的文化产生关联。彼时，博物馆的观众还是以白人为主。他们在博物馆中看到的是白人之外的世界：亚洲、非洲等等。它"激励"了更多的人选择去冒险探寻、收藏异域文化。全球化催化了博物馆，这时的博物馆又催化了全球化的进程。研究发现，十七世纪到十九世纪的中国南方出口了大量的外销艺术品，这与博物馆的全球化"反作用力"背景不无关联。

二十多年前，当我刚刚入职ROM的时候，在ROM的中国展厅中几乎很少看到中国观众，以至于有几次当我见到中国观众时就有一种想要上去拥抱他们的冲动。如今，在ROM的中国展厅里，几乎没有一天是见不到中国观众的。当二十一世纪的全球化进程让博物馆拥有了不同语言不同肤色的观众之后，博物馆还能为全球化做些什么呢？

有人说，我们到博物馆来寻根。在异国他乡，我们看到博物馆中呈现了我们的文化遗产，我们感到自豪、自尊与自强。也许一开始，博物馆里的中国文化辨识度很高，和非洲、欧洲相比会觉得差异巨大，观众也会感到惊讶和新奇。但是渐渐地，看得多了，观众就会发现中国文化和其他诸如欧洲、美洲的文化又有着些许的相似。通过在博物馆中的比较人们可以发现，相距甚远的种种文化差异居然可以从历史文物中找到那么多的共性。"世界原本并不是割裂的"，是博物馆让我们认识到了"你中有我，我中有你"。实现这种认识的过程，也是博物馆"全球化"的过程。

二十一世纪的博物馆应该、也必须让观众提高对全球化的认识。博物馆可以让他们理解文化传播和转型的历史根源和现实意义，也可以让他们的现实与过去更有关联，对未来更有感触。

为什么博物馆能够促进全球化进程？这是因为过去的一百多年来，博物馆不仅一直在收藏全球文化、认识全球文化，还努力去诠释全球艺术与文化。例如，

图4.1：ROM早年中国文物的陈列形式（图片由ROM提供）

像ROM这样的博物馆收藏了来自世界各地的文化遗产，它的最初职责就是向公众展示世界文化的真实面貌。"大千世界，非我独尊"，或许是彼时博物馆所理解的全球化理念。为了贯彻这一理念，艺术博物馆中的展示设计自然就会选择"仓储式的珍宝柜"这一形式（图4.1），用"琳琅满目"的"奇珍异宝"，强行刺激公众对世界异域文化的想象。在中

图4.2：二十世纪八十年代ROM的中国展厅一角，表现中国文人书房场景（图片由ROM提供）。

国文物展厅中"遥远的东方有一条龙"，或许正是博物馆所希望灌输给公众的想法。

到了二十世纪中期，博物馆开始实现藏品全球化了。博物馆希望利用这些来自世界各地的藏品去发挥"警示育人"的教育目的。博物馆的教育职责不再是"炫耀宝贝"，而是尝试去解释曾经一度"隔绝于欧美"的亚洲、非洲、拉丁美洲等地的文化，去治理人们臆想中的"文化沙漠"。二十世纪八十年代，在一批翻新后的博物馆中，它们的展厅可以看成一本"橱窗式"的文物教科书（图4.2）。因为在展厅里，观众可以读到很多在中学教学大纲中忽略的那一部分"世界历史"。

到了二十一世纪，随着博物馆观众群体的全球化趋势以及社交媒体的广泛运用，博物馆过去为了教育职能而诠释藏品的方法似乎就有点过时了。设想一下，来自中国的移民还有多少人没有上过中国历史或世界历史的课程呢？来自印度的移民难道不比我们更了解南亚文化吗？虽然由于知识结构不完备，墨西哥的"amigo"[1] 不一定知道他们的邻居可能就是玛雅人的后裔，但是他们完全可以站在展览前，掏出手机"google"一下，立刻会知道玛雅文化的后裔现在还住在墨西哥西南部和危地马拉山区里——玛雅文明并没有绝灭！所以，当博物馆面临全球化的社区观众时，当知识受到来自于全球化的多学科、交叉学科的冲击时，博物馆又该如何改变过去高高在上、自说自话的展览设计呢？

如果前面说到的二十一世纪博物馆是为社会打造一个亲民益民的文化中心，

1　Amigo是美国人对缺乏教育背景非法移民到美国打工的墨西哥人的称呼，但原意来自于西班牙语"伙计"的意思。

那么博物馆的全球化战略思想就必不可少。这种全球化策略一定会影响到下一代博物馆的展厅陈设改造、特展诠释、公众活动项目、观众学习等实践。简而言之，今天的博物馆所发生的社会效应，不仅仅是在当地起到作用，而是要发挥全球性的影响。假设我们认为，西方博物馆中"教科书般"的亚洲艺术展厅、非洲艺术展厅和美洲艺术展厅在二十世纪中叶的确发挥了巨大的作用，那么在今天的全球化风潮下，博物馆需要如何推出一个不一样的亚洲展厅甚至是一个中国展厅，开展相关的教育学习活动？如何在社交媒体的影响下对展厅做出不同的诠释，讲出不同的故事呢？

不久前，大英博物馆、费城博物馆、苏格兰国家博物馆等不少世界一流博物馆，重新改造并升级了他们的中国展厅、亚洲艺术展厅和伊斯兰文化艺术展厅等。在这些大百科全书式的博物馆中，我们可以注意到，强调某种文化地域或以某一个国家为单位的展厅（如中国、日本、韩国）仍然是主流方案。但是，他们所面临的挑战是，如何重新挑选藏品，藏品怎样组合，怎样诠释并表述多元文化背景下的"单一"文化？

对博物馆的策展人（curator）来说，什么是"全球化文化"？对我们来说，更具有迫切性的，是观众对博物馆这种全球化文化的新诠释的期待，将会在哪些方面深刻地影响我们博物馆策展人今后的工作与实践？

在全球化的今天，我也在思考在ROM这样一个加拿大的艺术和文化博物馆中，如何用"中国展厅"去定义"中国艺术和文化"：

中国艺术有国界吗？

中国文化区别于其他文化的界线是什么？

定义中国艺术和文化应该用当代的视角还是历史的视角？

对观众来说，他们怎么去理解"中国文化"，抑或是"全球化下的中国文化"？

我们如何在新的展厅中呈现和诠释"中国文化的全球化"？

在我们了解世界文明和文化艺术的共性下，如何去诠释"中国文化"？

我提出了这一系列的问题，但是并没有答案。因为这些是二十一世纪博物馆在全球化风潮影响下产生的新问题。这些问题是多元文化背景下观众的疑问，是学术界争论下的质疑，也正是在二十一世纪全球化背景下发生的"去殖民化"思潮提出来的挑战。这些问题主要集中在三个方面：博物馆的文化代表了谁的文化（whose culture is it），谁的历史（who owns the past），以及谁能来诠释（who tells the stories）？

詹姆斯馆长着急了

虽然博物馆的兴起与十八到二十世纪初由于技术革新和全球商贸发展而发生的大规模的全球艺术品收藏的历史密切相关。但是我们必须认识到一个事实：这种收藏世界艺术的风潮是"西方列强"国家向殖民地和半殖民地"单向"的全球化。在某种意义上，彼时全球化下的博物馆艺术品收藏，可以视为西方国家殖民化过程中的一种结果。

这种殖民化下的西方博物馆艺术收藏史，在中国是以"火烧圆明园"为标志的。无论一个博物馆的文物收藏史是否有它的独特性和合法性，殖民时代西方强国的掠夺性收藏永远是时代留下的切肤之痛，也永远地让受害者站在了那些收藏有他们文化的西方博物馆的对立面。这种文化收藏不仅仅是十九世纪西方工业强国以所谓"遗产保护"之名而对亚洲、非洲、拉丁美洲进行的物质文化掠夺，也是对当地土著文化遗产（典型的是北美洲以及澳大利亚、新西兰）的占有。在这种背景下，博物馆对这些占有的文化遗产做出的往往都是带有殖民倾向的阐释。所以，无论我们如何考虑"文化遗产是否属于全世界"，博物馆藏品的文化归属仍然是一个剪不断理还乱的困惑。

从二十一世纪初开始，以美国文化界和学术界为先锋，对博物馆的藏品归属发起了一场又一场的辩论。这个现象的发起，是以美国本土原住民的民权意识觉醒为基础的。由于美国一系列保护原住民文化遗产的法律相继出台和执行，博物馆因早年考古出土而收藏的原住民祖先遗骸和宗教文物都被要求逐一退还。后来，原住民文物退还的规模越来越大，这一模式继而开始考虑运用到其他所谓的"文物输出国"的追索案例上。记得1997年我入职不久的一天，我被邀请参加博物馆的一个由文物归还政策制定委员会组织的会议。那个时候，这个概念对ROM这个加拿大最大的博物馆来说还比较陌生。但是二十多年后，ROM的确按照这个政策开始对安大略省原住民的文物和遗物进行退还。

所以，无论是否按照西方法律来判断博物馆藏品的合法拥有权，殖民化下的全球艺术和文物在伦理道德上还是有归属性的。但是，这种归属性究竟该如何判断？博物馆曾经一度在藏家、古董商与政府、学者之间摇摆不定。欧美博物馆从业人员的担忧是可以理解的，毕竟大多数的博物馆藏品来源都带有殖民时代的烙印。

一些欧美博物馆馆长和curator坐不住了，着急了，因为他们担心一旦这个藏品回归的口子一开，文物回归成为事实，那么一百多年来所建设的博物馆就毁于一旦，不复存在了。他们开始加入辩论，并从博物馆存在的意义和功能探讨这个问题。这里的代表人物是现任盖蒂博物馆（Getty Museum）的馆长詹姆斯·库诺（James Cuno）。他一连发表了几篇专门论著[1]，着重强调博物馆是收藏和保护文物的重要场所，其收藏的文物不应该是以某一文化地区或某一国家文明、某一历史时段为标准。他继续强调，博物馆的文物无论是否具有合法的来源，都具有为学者和公众提供研究与学习的价值。言下之意是，博物馆仍然应该继续收藏流失文物，以保证博物馆的生存空间。

詹姆斯于1985年在哈佛大学艺术史系取得博士学位，后来成为哈佛大学艺术博物馆馆长，之后就任芝加哥艺术博物馆馆长。期间，他曾对博物馆因收藏市场上的流失考古文物而受到公众和学术界的指责感到愤愤不平，也曾对政府三令五申出台的限制博物馆收藏不明来源的考古文物的法规提出质疑。在"谁拥有古物"这个问题上，詹姆斯旗帜鲜明地强调，文物应该是人类共有的文化遗产，而

1　Cuno, James, *Who Owns Antiquity? Museums and the Battle over our Ancient Heritage.* Princeton and Oxford:Princeton University Press,2008; Cuno, James, *Whose Cultures? The Promise of Museums and the Debate over Antiquities.* Princeton and Oxford: Princeton University Press, 2012.

不应该是某个国家可以用来申诉的文化财产。在针对考古学家反复强调文物被盗掘后就会遗失重要的历史信息这一问题上，一位在美国某大博物馆工作的知名华裔资深curator却认为，博物馆收藏流失文物是可以通过研究来复原历史和诠释文化的。针对这两个观点，我认为他们都是希望回避博物馆藏品的殖民化历史的，或者是为博物馆购买市场上不具有"身份"的文物做辩解。这显然是一种避重就轻、避实就虚的傲慢态度，他们并没有体验过文物流失带给一个民族、一个国家的痛楚。

特纳邦姆夫妇的捐赠

2000年，ROM接受了一笔数量超过三百件的中国文物以及三百件近东及中东的艺术品捐赠。捐赠者是加拿大收藏家、慈善家特纳邦姆夫妇（Joey and Toby Tanenbaum）。在博物馆方面看来，特纳邦姆夫妇的收藏多数是在二十世纪八十年代至九十年代通过一个以纽约为基地的商人从香港的艺术品市场购买的。除了那些被鉴定为赝品的文物之外，这笔收藏的质量之高毋庸置疑。更重要的是，这笔收藏弥补了博物馆现有文物未能涵盖到的重要地域空间和历史时期。但是，这批文物的来源富有争议。通过我们的深入研究可以确定，至少其中有一部分器物是新近出土的，而且很可能来自中国的三峡地区。在二十世纪的八九十年代，这一地区正在进行密集的抢救性发掘。

同年五月，我受ROM委托，怀揣三大本的捐赠目录飞往北京，这套近一千页的打印资料和图片详细记载了每一件来自特纳邦姆夫妇的收藏。在我与国家文物局相关部门的会见中，国家文物局首先赞扬了ROM对于文化交流做出的贡献，但是同时他们也说明，在缺乏充足证据的情况下，有关部门并不具有反对西方博物馆接受这种捐赠的法律依据。

在我们的会谈中，他们进一步表示，这些文物只是无法遏止流失的中国文化财产当中的极小部分。尽管他们已经竭尽全力地去扼制，但是盗掘和偷窃文物现象还是有增长的趋势。与其让这些器物流转于私人囊中，或许倒不如暂时进入

ROM这种在研究和传播中国历史文化方面享有盛誉的博物馆里。我理解这绝非是官方在鼓励西方博物馆从艺术市场或私人捐赠者处收购来源不明的文物，但是，这些对话无疑传递了一种信息，即在中国文化权威机构和重要的西方博物馆之间建立紧密的交流是互惠之举，这将有助于政府处理由于鱼龙混杂的文物交易所导致的考古遗址的盗掘疑难问题。

横亘在眼前的问题是，考古遗址被盗掘的现象每时每刻都在发生，规模大小各异。虽然现阶段这一现象在中国和其他发展中国家更加普遍，但是，盗掘始终都是一个全球性的问题。无论是意外事件、偶发事件或是蓄意盗掘，这些不法文物在私人手中要么流入艺术品市场，要么进行个人交易。其中一些文物是由新移民通过非法途径带到其他国家的，这些人热衷于向博物馆靠拢，将博物馆视为潜在的买家。其中一些人甚至开设古董店，或者建立相关协会来辅助文物交易。我一直关注许多来自中国大陆的新兴年轻藏家，他们的收藏数量不断增长，其中不乏美学价值和研究价值均可媲美博物馆藏品的艺术品。

一些严谨的学者深入地研究了佳士得和苏富比的拍卖图录，以及公私博物馆的展览图录，发现在过去的数十年间，希腊、罗马和玛雅文物的交易也存在类似的状况，大部分成交的文物都没有明确的文物的出身[1]。更加严重的问题是，一度备受尊敬的拍卖行和商人也在参与这些非法交易。通过拍卖，这些非法文物的身份被"洗干净"。更有甚者，拍卖行为赋予了交易合法性而故意为非法文物伪造"出身证明"，以此增加其在拍卖中的附加值。这种行为在当下的艺术市场里并不乏见。中国的市场日渐开放，如雨后春笋般出现在中国大陆的拍卖行大肆交易着由境外输入的非法中国文物。交易完成之后，这些原本非法流出中国国境的文物，经过这一道"出口转内销"，便凭空具有了一个合法的

---

1 Renfrew, Colin, *Loot, Legitimacy and Ownership: Ethical Crisis of Archaeology*. London: Duckworth, 2000; Gilgan, Elizabeth, Looting and the Market for Maya Objects: A Belizean Perspective. In Brodie, Doole, and Renfrew(eds.), *Trade in Illicit Antiquities*, 2001, pp.73-88; Chippindale, Christopher, and David Gill, Material Consequences of Contemporary Classical Collecting. *American Journal of Archaeology*, 2000, 104(3): 463-511.

政府出境许可。于是，这些文物就此具有新的合法身份，从而得以在中国境外交易。

在我的工作经历中就曾遇到过不少来自国内的藏家，带着明显是新近出土的文物和相关"合法出境"文件来见我，给我讲述该文物如何随祖辈到南洋，然后移民加拿大，一路漂泊半个世纪的经历。第一次听是个"感人"的故事。但是当我见到三四个不同藏家拿着不同的文物来跟我讲这同一个故事时，我就明白这背后是有导演编剧在做推手了。在前一阵子，美国联邦调查局（FBI）破获了一起跨越三十年的印度文物盗窃走私案，嫌犯是美国著名的南亚文物收藏家和古董商。通过他，不少美国著名的博物馆都收藏了非法文物。但是在与博物馆交易的时候，该古董商都提供了完美的文物身份，后来证明这些"身份"全都是伪造的。这些行为都给博物馆的声誉造成了负面影响。

这些问题在二十世纪初的全球性文物收藏热中还算不上一个问题，当时的诉求是少数"精英"在为"大众"而"收藏世界"。大英博物馆对外免费开放不仅仅是政府对纳税人的义务，更是因为大英博物馆建立的时候第一批文物的捐献者汉斯·斯隆（Hans Sloane）爵士的苛刻条件。十八世纪初，斯隆爵士私人收藏的71000件文物标本，成了当时大英博物馆（含今天的大英图书馆和自然历史博物馆）的建馆藏品基础。他提出两个捐赠条件，如果英国政府不答应，他的藏品就会捐给俄国的圣彼得堡、法国巴黎、德国柏林或西班牙马德里，哪个城市政府答应他的条件，就可以拥有这批藏品。第一个条件是：他的藏品必须完好无缺地为研究提供方便，第二个条件是他的藏品必须让公众免费参观。这就是大英博物馆精神的肇始，追求"一个屋檐下的世界"。所以，前大英博物馆馆长尼尔·麦格雷戈（Neil MacGregor）希望当代的大百科全书式博物馆重新贯彻启蒙时代的博物馆宗旨：用藏品来启发公众重新思考古代和当代社会文化的复杂性、差异性、等级性和相关性。这些观点都没有错，但是在强调藏品的社会教育意义时，并不能回避藏品的文化归属或非法收藏"文物输出国"遗产的问题，因为这是两个不同的概念！时代在变化，在海外漂流了一个多世纪的文物，博物馆总要给他们的文化归属一个交代。

图4.3：美国尼尔逊·阿特肯艺术博物馆（the Nelson-Atkins Museum of Art）的中国展厅

在欧美博物馆中，藏品的文化归属是当前需要思考的一个重大问题（图4.3）。这些问题是二十一世纪全球化背景下的博物馆必须要面对的。至于藏品，博物馆是收是退，并不会有一个绝对的标尺，例如ROM，仍然在收藏文物，也仍然在退还文物。所以是收还是退，本身并不是问题，问题是收什么，退什么，为什么收，为什么退？

宾夕法尼亚大学博物馆的两匹中国马

2017年春的一天，我在办公室接到宾夕法尼亚大学（以下简称"宾大"）人类学和考古学博物馆前馆长、现任芝加哥菲尔德博物馆馆长的朱利安·西格斯（Julian Siggers）打来的电话。朱利安是我多伦多大学同级的人类学博士，但是他专攻古代近东考古，后来曾和我一同在ROM任职，也和我一同考察过三星堆遗址。再后来他去了伦敦科技馆做行政工作，直到2013年回到北美就任宾大博物馆馆长。在电话中，他有点焦虑也有点困惑，说他最近接二连三地接待一些媒体和团体，这些人正式或非正式地询问他对宾大博物馆藏的昭陵六骏中"飒露紫"和"拳毛䯄"回归中国的态度。他说，关于宾大博物馆昭陵二骏的争执历史他早有心理准备。但是没有想到，为什么突然在最近这段时间，集中出现了一批来自中国本土人士，或当地及美国其他地区的华人团体如此频繁地关注这件事情？后来经过我的了解，才明白朱利安所不知道的事情是，在当年的1月13号，中国最具影响力的新闻平台之一——澎湃新闻网刊登一篇"爆款"文章，题为《昭陵博物馆发文呼吁美国宾大博物馆：还我昭陵二骏！》[1]。昭陵博物馆刊登一封公开信，正言厉色地呼吁宾大博物馆归还中国国宝。估计这个报道引起了

图4.4：美国宾夕法尼亚大学人类学和考古学博物馆展示受争议的昭陵六骏中的"飒露紫"

在美华人社团的关注，激起了一系列研讨、参观和对话的要求。为此我听说，宾大的确组织了一场研讨会，但是宾大博物馆方面仍然保持低调。朱利安博士在电话中也诚恳地说，希望就此事和中方进行一个有建设性的对话，但是来找他的中国团队组织太多了，不知道谁能代表博物馆，谁能代表国家，所以才无奈地给我打了这个电话。我和他说中国的文物属于国家，而中国国家文物局是管理中国文物的最高机构。后来，朱利安在我的介绍下，给国家文物局发了一份公函，听说不久之后就得到文物局外事处的回函，表达了对博物馆的感谢之情和进行开诚布公对话的意愿（图4.4）。

昭陵博物馆对宾大博物馆的隔空喊话，要求退还昭陵二骏一事，正是反映了国内目前逐渐兴起的追索欧美博物馆藏中国文物的潮流。流失海外的中国文物确实犹如国人的一块心病，虽然在阳光明媚的日子里心情舒畅无比，但是一旦有个风风雨雨就会引起阵阵痛楚。昭陵六骏中的"飒露紫"和"拳毛䯄"就是其中典型。昭陵博物馆要求归还国宝的理由也十分充分，公开信中引用了国际博物馆协

1 原文见：https://www.thepaper.cn/newsDetail_forward_1598288.

会的《博物馆职业道德准则》：

> 针对公共及私人藏品的非法物品交易怂恿了对历史遗址、地方民族文化的破坏，怂恿了国内国际的盗窃，并与国家及国际遗产保护精神背道而驰。博物馆应认识到市场与源地之间的关系，以及经常将物品拿到市场倒卖的破坏性，并须认识到以任何方式，无论直接还是间接支持此类非法交易都是极不道德的。博物馆不应以购买、接受馈赠及交换的方式征集任何物品，除非向管理机构及负责官员证明其能够正当获得有关标本或物品的所有权，尤其证明其从原有国或原合法拥有之中间国（包括博物馆本身所在国）征集或进口此类标本或物品并没有违反该国法律。就出土物品而言，除上述保护规定之外，博物馆不应该以购买方式征集那些凡管理机构或负责官员有理由认为其发现涉及古迹、考古遗址的非科学性发掘、蓄意破坏或损坏，或涉及未向该土地所有者、占有者、相应的立法或政府当局做出说明的出土物品。

其实比这个道德准则更具有约束力的，是北美的艺术博物馆馆长协会组织颁发的一系列规定，其中一个就是非常严格地遵从和执行联合国教科文组织关于禁止博物馆入藏来路不明的非法走私文物的《1970年公约》。公约规定欧美博物馆都要杜绝对流失文物的收藏，同时联合国教科文组织大会设定的文物出入境分水岭——1970年之后的入藏文物重新研究来源出处，并严格执行退还程序。加拿大国家美术馆2000年主动向中国退还了原属于龙门石窟的一尊流失佛头。2016年2月，美国的丹佛艺术博物馆主动向柬埔寨王国退还了一尊公元十世纪的佛教造像Torso of Rama（图4.5）。这尊造像是博物馆于1986年从纽约的一家古董商手里买下入藏的。后来，博物馆对其藏品来源做了进一步调查，连同柬埔寨研究人员一起发现了该文物确属非正常流失文物。在得到博物馆董事会的认可之后，丹佛艺术博物馆馆长克里斯托夫·海因里希（Christoph Heinrich）和亚洲艺术部主任焦天龙博士代表博物馆主动奔赴柬埔寨，于2016年初完成归

图4.5：美国丹佛艺术博物馆东南亚艺术展厅中展出的佛教造像Torso of Rama。这件罗摩的纪念身像由砂岩雕成，罗摩的右肩背着一个箭袋。它是十世纪初的作品，高62英寸，头、臂和脚部已经遗失（焦天龙拍摄）。

还交接手续。柬埔寨内阁国务大臣陈塔尼（Chan Tani）高度赞扬了这一举措："博物馆将这件尊贵的佛教造像主动归还，充分表达了博物馆对Koh Ker时期艺术之于柬埔寨文化重要性的认识和尊重。这次回归也说明了在我们国家过去一直发生着非法盗掘文物的行径，我国政府对非法流失文物的回归做出的努力也是我们国体灵魂的一部分。"[1]

这个案例说明了欧美博物馆正是按照上面所述博物馆职业道德准则和艺术博物馆馆长协会的章程条规严格执行对流失文物的定性。一旦发现有新的证据，博物馆都会采取相应措施将非法流失文物物归原主。但现实是，如今博物馆对流失文物的归还认定，仍集中在文物进出境国际协议中所提出的1970年以后的馆藏文物。

丹佛艺术博物馆的那尊造像在博物馆已经收藏、展示三十余年了，该博物馆能够在研究中发现新证据，要归结于欧美博物馆对馆藏文物收藏历史进行的研究。进入新世纪，欧美博物馆开始一系列针对收藏史的历史档案研究，目的也是希望明确了解博物馆在二十世纪初所收藏的，尤其是中国文物的地位和作用。ROM自然也不落后，经过十年的大浪淘沙，我也算把怀履光和金村文物的公案公布于世。通过大量的馆藏档案和书信，实事求是地证明了过去认为"怀履

1　英文报道见：https://denverartmuseum.org/article/press-release/dam-returns-khmer-sculpture-torso-rama-cambodia.

光是盗掘金村文物的罪魁祸首"的看法是有失偏颇的。怀履光参与盗掘是不存在的，但是在开封古董商那里为博物馆收购金村文物的事实是有的[1]。

同样，宾大博物馆的研究人员一样对他们的中国文物，特别是"飒露紫"和"拳毛䯄"的收藏史做了系统研究。有关昭陵六骏背后的收藏故事，虽然澎湃新闻网转载了流行一时的《谁在收藏中国》一书中的部分故事[2]，但是真正有价值的一手资料是博物馆的华裔研究人员周秀琴的文章[3]。她通过博物馆档案中的书信和交易凭据，在考察了昭陵六骏的历史背景与相关考古发现后，详细梳理了"飒露紫"和"拳毛䯄"二骏被盗凿、偷运，最终通过卢芹斋之手进入宾大博物馆的历史事实。

诚然，每一件在海外博物馆收藏的流失文物背后都有一段国仇家恨的悲凉故事，但是如果简单粗暴地把这笔账算到博物馆头上也是难以让人信服的。一个世纪以前，西方博物馆追求全球的艺术精品，有些也具有齐备的合法收购、收藏手续，但是卖方的来源是否合法，在1970年之前的公案就无法一一核实了。目前对这类收藏，有两种态度，一方面从民族感情上来说，尽管西方博物馆履行了合法收购的程序，但是正值国家民族的危难之际，文物的流出仍然是难以言说之痛。也有一种态度认为，海外博物馆在当时的历史背景下，也起到了一定保护文物、防止文物被彻底毁灭的作用。中华民国初年，在国民政府尚未立法保护文物的情况下，大小军阀集团纷纷通过买卖文物换取军火的情况并不鲜见。甚至可以说，军阀是最大的文物盗掘团体（例如陕西党毓昆盗宝案）。这些军阀将文物倒卖给各地的古董商人，再由他们与海外藏家及博物馆的代理人交易。ROM有一件镇馆之宝——元末明初山西兴化寺的壁画，就属于这种情况。当时军阀混战，壁画面临被摧毁的灾难，怀履光呼吁ROM收藏，在他的努力下，ROM凭借

1 沈辰：《金村传说：怀履光与洛阳文物之谜》，《美成在久》2017年第5期（总17期）。

2 卡尔·梅耶、谢林·布莱尔·布里萨克：《谁在收藏中国》，张建新、张紫薇译，北京：中信出版社，2016年；St Clair, Michael, *The Great Chinese Art Transfer: How So Much of China's Art Came to America*. Madison: Fairleigh Dickinson University Press, 2016.

3 周秀琴：《唐太宗昭陵六骏散轶美国》，《美成在久》2017年第6期（总18期）。

图4.6：ROM展示的山西寺庙壁画和造像　　图4.7：ROM中国展厅一瞥（图片由ROM
（Lance McMillan拍摄）　　　　　　　　提供）

一张照片，出资5000大洋通过怀履光与北京古董商交易，最终获得。至今这份
交易的原始契约还保存在多伦多大学档案馆（图4.6）。

ROM的中国文物收藏

今天，ROM收藏有中国文物四万一千余件，是海外收藏中国文物的博物馆
中仅次于大英博物馆的第二大收藏机构（图4.7）。ROM的中国文物大多数是在
二十世纪初入藏的，主要集中在1907到1934年近三十年间。与其他海外博物馆
一样，ROM收藏中国文物的途径主要有三种：一是从国际文物市场上收购；二
是藏家和社会人士的捐赠；三是博物馆有策略性的征集。第一种和第三种虽然在
形式上相同，都是博物馆征购，但是前者主要是二十世纪的手段，后者是博物馆
目前的方法。

ROM最早收藏的一件中国文物是首任馆长查尔斯·柯雷利博士（Dr. Charles
Trick Currelly）于1907年在开罗收集到的汉代绿釉陶（图4.8）。柯雷利的研
究兴趣和专长是埃及考古，他意识到，对埃及古文明的研究离不开对同样具有悠
久历史的中国古代文物的了解。于是他便开始收集中国古代文物。大约从1908
年起，ROM开始大量收购中国文物。1918年以前，ROM的大部分中国文物都来

图4.8：查尔斯·柯雷利博士。ROM第一任馆长、多伦多大学埃及考古教授，也是为ROM收藏中国文物的第一人（图片由ROM提供）。

图4.9：1908年ROM从英国伦敦古董商S. M. Frank收购的第一批中国文物的交易收据

自伦敦著名的东方艺术古董公司S. M. Franck and Company。该公司基本垄断了中国文物，亦包括希腊、罗马、埃及等地文物的买卖市场（图4.9）。

当时，世界上最大的文物交易市场在英国伦敦。而伦敦市场上的中国文物主要由北京、天津及上海的代理人供应。在西方收藏史上名气最大的当数最早的中国文物国际市场代理人卢芹斋。约从1903—1904年开始，伦敦和巴黎收藏家们的中国文物几乎都经卢氏之手购入。我曾在一篇文章中提及几名上海古董商，但他们主要活跃于二十世纪三十年代，都晚于卢芹斋[1]。在中国本土古董商崛起之前，在华的外籍人士早已掀起中国文物收藏热。那些常驻中国的外国商业金融代表开始通过中国当地的商贩收购中国文物，再借助自己的关系网将其运送至国外。海外每个博物馆的后面都有曾经热衷于中国古代艺术而致力

1　沈辰：《多生还得此相逢：吴大澂和他的藏玉》，苏州博物馆编《清代苏州吴氏的收藏》，南京：译林出版社，2017年。

图4.10：乔治·克劳弗斯，通过他开在天津的永福洋行，ROM于1918—1924年收购到八千余件中国文物。

于博物馆建设事业的收藏家和慈善家，比如法国吉美博物馆的吉斯莱(G. Gieseler)，明尼安波里斯艺术研究院博物馆的菲尔斯贝利（Alfred F. Pillsbury），华盛顿佛利尔美术馆的佛利尔（Charles Freer），哈佛大学艺术博物馆的温索浦（Grenville L. Winthrop）等等，他们无一例外都是卢芹斋的大客户。

就ROM的文物收藏而言，1918年乔治·克劳弗斯（Patrick George Crofts）的出现极其关键。克劳弗斯曾长期在天津的永福洋行从事批货贸易，他利用天时地利从天津收购大量中国文物，成为包括S. M. Franck公司在内的伦敦东方艺术品市场的供货人。1918年，克劳弗斯参观ROM时发现，自己卖到伦敦古董市场的中国文物，竟被伦敦古董商抬高了四五倍价钱转卖至此，他对伦敦古董商的贪得无厌深恶痛绝，并从此与ROM的时任馆长柯雷利结交为友（图4.10）。

自1918年起直至1925年去世之前，克劳弗斯坚持为属于英联邦的加拿大新兴博物馆提供中国文物，竭尽全力搜集最好的文物并以接近成本的低价出手。当时加拿大的博物馆不像美国的大都会艺术博物馆、佛利尔美术馆等可以接受社会上有实力的企业和个人的财力支持。作为多伦多大学的一部分，以教学和研究为主的ROM的所有藏品都源于部分董事会成员的资金支持。由于克劳弗斯的倾力相助，ROM才得以在经费有限的情况下收购到上乘文物。

克劳弗斯去世后，ROM博物馆的中国文物收藏主要依托在中国的河南开封作为英国国教圣公会主教的怀履光。1925年修建京广铁路、陇海铁路时，河南各地流失了大量古物。当时国外许多博物馆都偏好精美的传世品，对墓葬出土物毫无兴趣，而在中国传教近三十年的怀履光对中国古代文化情有独钟，对出土器物格外关注，致力于为博物馆收藏古代文物，直到1934年怀履光离开中国。

怀履光的传记作者威尔姆斯里（Walmsley）认为怀履光为博物馆收藏是为了"向西方社会诠释东方文化"，这也是为什么怀履光成功说服了多伦多大学校长于1934年成立了中国研究系（现在多伦多大学东亚系前身）。对怀履光来说，"他希望在加拿大打造出一个完美的中国文物藏品系列，以便让普通加拿大民众能够获得与中国社会相关的知识，并让他们对这个伟大的文明进行理解和欣赏"[1]。

二十世纪中期，当中国政府禁止文物出境之后，海外博物馆对中国文物收藏，主要是通过中国境外的文物市场收购的，同时增大了接受藏家和社会人士捐赠的分量。1960年，明义士（James M. Menzies，1957—1985年）的家人将明义士的中国藏品无偿捐献给ROM，同时还捐赠4万加元，作为明义士收藏的甲骨文的研究基金。长久以来，ROM一直接受着多伦多地区和加拿大居民捐赠的家藏中国文物，比如《美成在久》总第7期上刊发的那件吴大澂玉璧，就是2012年多伦多的一位退休工程师伯纳德·纳什先生（Bernard Nash）从他姨妈遗物中继承下来并捐赠给ROM的[2]（图4.11）。近年来，博物馆还收到纽约大收藏家安思远（Robert H. Ellsworth，1929—2014年）的遗产捐赠，其部分资金也用于征集中国文物。

前面提到收藏中国文物的第三种途径即博物馆有策略性的征集，虽然在市场操作层面与之前有某种程度上的类似，但在本质上却完全不同。如今，博物

1　Walmsley, Lewis Calvin, *Bishop in Honan: Mission and Museum in the Life of William C. White*. Toronto: University of Toronto Press, 1974.

2　沈辰：《故人似玉由来重：吴大澂旧藏玉璧流传轶事》，《美成在久》2015年第9期（总7期）。

图4.11：2012年多伦多的伯纳德·纳什先生将他从姨妈遗物中继承下来的吴大澂玉璧无偿捐赠给ROM

馆征集中国文物不再是"海选"，而是更理智、更有策略性地征集。博物馆有专门的征集经费，由馆内各个领域的研究员（curator）通过申请和竞争的方式获得。这就要求博物馆研究员在申请报告中阐明，希望收藏的文物是如何与博物馆的发展宗旨（missions）结合起来的，并在报告中论述文物的入藏意义，以及收藏之后如何发挥它的展示和宣传作用。这个过程促使博物馆的研究人员在征集文物之前，就要对博物馆的收藏策略和政策做到心中有数。然后，在与藏家或有信誉的古董商进行长时间的沟通、鉴定藏品的质量、了解藏品的历史渊源之后，才能向博物馆征集委员会提交征集申请报告。举一个例子，我认为馆藏中国瓷器部分中的明代晚期瓷器，特别是明代出口日本的瓷器收藏比较薄弱。因此，我与伦敦的一位专门为博物馆提供藏品来源的古董商联系，他开始积极为我在世界各地，特别是在日本，寻觅满足ROM需求的藏品（图4.12）。2014年，在ROM与故宫博物院联合举办"紫垣撷珍——明清宫廷生活文物展"的前夕，我通过申请获得了露易丝·郝丽基金会的藏品征集基金，成功入藏一件万历款的黄釉碗。博物馆在收藏这件黄釉碗的同时，也收录了该碗在1947年于伦敦交易的原始收据（图4.13）。

在审核博物馆征集中国文物的程序中，最重要的是明确文物来源。海外博物馆征集文物时不可避免地会遇到同一个问题，即文物流失的时间和渠道。目前，北美博物馆界制定了统一的入藏原则：必须提供文物在1970年之前合法流出原属国的证据。博物馆的这一收藏原则，不仅针对中国文物，同样针对所有入境的其他国家的文物和文化财产（cultural property）。换句话说，1970年以后，任何藏家从中国以私人收藏名义将文物携带入境加拿大的，如果没有中国国家文

图4.12：作者在伦敦的一位收藏家家中观察藏品。这件五彩花鸟纹竹形柄杯最后入藏ROM。

物鉴定机构和中国海关批核的文物合法出境文件，纵使文物再好、再珍奇，ROM也不会收藏！

我在ROM工作的20余年中，相继接待了三批中华人民共和国任上的文化部长代表团。二十年前我们的代表团在ROM参观后基本上表情严肃，心情沉重。看到这些文物，大家不由得想到帝国主义对中国的掠夺，希望它们早一天回到祖国。今天我们的代表开始能够从历史的角度去重新认识和看待流失海外的文物，开始用"更智慧""更策略"的心态，站在"构建人类命运共同体"的高度，积极促成和推进ROM与中国博物馆的长期合作。

图4.13：ROM收藏的"万历年制"款黄釉碗，以及1947年在伦敦原始交易的收据。

故宫里的《俄太子东游记》

当我们在对流失海外的中国文物耿耿于怀之时，却没有多少人注意或关心过有多少外国文物在中国的博物馆并研究它们的现状。诚然，中国的博物馆的确没有欧美博物馆那种大百科全书式的藏品和展示，但这并不意味着中国的博物馆库房中不存在外国文物。而外国文物收藏最多、种类最全的当属故宫博物院。

根据故宫博物院研究馆员郭福祥先生的研究，故宫现藏来自域外的文物有一万余件（具体数字还没有完整统计出来）[1]，主要涉及在清代中晚期和清政府交往相对较多的俄国、英国、法国、德国、瑞士、日本、韩国等国家。郭福祥先生总结了故宫收藏的这些外国文物入藏的四种来源渠道：一是外国使团的礼物；二是传教士和官员的进献；三是宫廷作为贸易渠道的收购；四是1949年后个人的捐献、收购和调拨。作为历史时期皇宫背景的故宫博物院，前三条来源是故宫特有的权利，而第四条是一般博物馆的收藏路径。自十七世纪以来的全球化进程，加速了世界各国的联系。特别是在十九世纪末至二十世纪初，因商贸、学习和外交机会的增多，和海外文化之间的联系日趋频繁，致使早期的西方义物在民间也有所积累。也许有些已经到了博物馆的库房中，有些仍然留在民间。遗憾的是，中国的博物馆目前对馆藏的外国文物还没有做出系统的研究和展示，一定程度上影响了私人藏家手里的外国文物捐赠给国内博物馆的意愿。

如今，这个状况正在逐步改善。故宫博物院的多丽梅博士长期开展中俄文化交流的学术研究，对故宫所藏的俄罗斯文物以及俄罗斯博物馆所藏中国文物做了统计。故宫现收藏来自俄罗斯的登记在册的文物不足百件，包括金银器、铜器、珐琅器、版画、图书、照片等。但是故宫档案和文献记载中俄近三百年的交聘往来，双方互赠了许多礼物。俄沙皇宫廷通过外交使团、商队、传教士向清政府赠送过俄文书籍800余册、枪炮10000余杆，还有大量的毛皮、钟表、玻璃器、金

1　郭福祥：《文明交会的物证：北京故宫博物院外国文物收藏概述》，任万平、郭福祥、韩秉臣主编《宫廷与异域：17、18世纪的中外物质文化交流》，厦门大学出版社，2017年，第10~32页。

银器、吊灯、镜子等。不少文物由于属于消耗品或被清宫转赠而流出紫禁城，近年来重新发现的《俄太子东游记》《尼古拉二世全家照》《俄罗斯帝国陆军元帅夫人阿纳斯塔西亚肖像画》成了故宫藏俄罗斯文物中的精品。

《俄太子东游记》现为故宫图书馆藏书。该书为俄皇尼古拉二世即位前游历东方各国游记（1890—1891年），为俄罗斯帝国时期"东方派"重要人物乌赫托姆斯基著录，中国人誊抄，在德国莱比锡印制。它的内容涉及了大量当时在华的重要人物，包含沿途珍贵的民族学、地理以及物产的照片和手绘插图。乌赫托姆斯基公爵素有"民间外交家"之称。他在沙皇尼古拉二世和首席御前大臣维特的身边，专门从事东方的外交贸易实务，在中国主要和李鸿章等打交道，是促成李鸿章赴俄参加尼古拉二世加冕典礼、签订《中俄密约》的主要人物。"乌赫托姆斯基的政治活动几乎与十九世纪末二十世纪初俄国远东政策相始终，沙皇政府在我国东北的扩张和渗透都与他有直接关系。因此认真研究乌赫托姆斯基在这个时期的政治活动，有助于我们理清十九世纪末二十世纪初俄国远东政策的脉络、实质和特点。"[1] 1891年东方之行结束后，乌赫托姆斯基就把这次旅行写成《尼古拉二世皇帝陛下东方旅行记》，1897年于彼得堡出版，装帧豪华，并译成多种文字向世界发行。最近，乌赫托姆斯基公爵的曾孙尤里·达夫洛夫斯基为了寻根来到中国，多次造访故宫，并观察了其曾祖父和沙皇太子带来的文物赠品。

在这里讲这个案例，目的不是介绍故宫的俄罗斯文物，而是需要我们进一步思考馆藏文物的文化属性。以故宫博物院图书馆藏的《俄太子东游记》为例，它是俄罗斯的文化遗产，还是中国的文化遗产？

书的作者是俄国公爵，记载的是沙皇太子在东方旅行的所见所闻。原书是在俄国分三卷出版发行，出版后不久就有英文版、德文版和法文版。根据多丽梅博士的研究，俄太子登基后，即尼古拉二世，随即下令印制三部中文豪华精致版，两部被当作外交礼品送入了中国宫廷，留下一部在国内，现藏俄罗斯国家

1　多丽梅：《清代中俄物质文化交流研究——以清宫与俄皇宫典藏为中心》，北京师范大学博士后研究报告，2016年，第34页。

图书馆。送给清廷的两部，于1899年9月30日，由沙俄驻华全权公使格尔斯（М.Н.Гирс，1856—1932年），委托时任沙俄财政部官员璞科第（Д.Д.Покотилов），将《俄太子东游记》中文版赠送清廷帝后。为此，璞科第受到慈禧太后及光绪皇帝的召见表彰。在国内的两部，一部藏于故宫图书馆，另一部多丽梅博士在北京大学图书馆发现其收藏。

中文版《俄太子东游记》"外观极其华美，装帧和设计都是皇家独有，所用纸张也是当时稀有的外国纸（与现在铜版纸类似），铅印版，封面和封底为精装烫边，并饰以华丽卷草花纹，装帧考究，未设页码，重约5公斤"。全书均为中文，"共计18955个中文字，誊抄中文者无疑是中国人，深谙中国书法之精髓，字体挺拔秀丽"[1]。中文版《俄太子东游记》分上下卷，111面文字说明和479桢插图，全都是中国境内的游记和见闻。而俄文原版分三卷，其中是否还包括沙皇太子游历红海、印度洋、亚丁、印度、锡兰、暹罗、爪哇、日本等地呢？这在多丽梅博士的研究报告中没有明确提及。如果这点属实，那么可以说《俄太子东游记》中文版应该是由学人和工匠专为中国皇室私人定制的一册珍贵文献。当原书作者的曾孙在故宫博物院里看到这本书的时候，他所看到的究竟是一本俄国文化的文献，还是一册印刷艺术品呢？

换句话说，我们该用怎样的标准去判断《俄太子东游记》，究竟是属于故宫馆藏的俄国精品，还是故宫博物院图书馆和北京大学图书馆藏的印刷孤品？这个"官司"需要故宫的研究人员来裁决。我想说的是，当我们在检视博物馆的藏品时，不能仅仅以文字、作者、风格或来源去简单地区别文物的文化属性。因为在全球化的过程中，物质文化的表象不再是单一地和某种文化绑定在一起，而是开始逐步进入了"你中有我，我中有你"的境界。

再比如说，故宫绝对不会因为郎世宁（Giuseppe Castiglione）是来自意大利的画家和传教士就把他的绘画判定为意大利的艺术品（图4.14）；也不会因

1　多丽梅：《清代中俄物质文化交流研究——以清宫与俄皇宫典藏为中心》，北京师范大学博士后研究报告，2016年，第35页。

图4.14：清中期郎世宁绘《午瑞图》，故宫博物院藏，2014年在ROM"紫垣撷珍"展览中展出。

为王致诚（Jean Denis Attiret）是来自法国的画家和传教士就把他的《十骏马图册》认定为法国的作品（图4.15）。如果说这些具有强烈的中国元素的绘画可以理解为中国艺术的另类风格，那么故宫藏的铜版画——作者是旅清的欧洲艺术家，采用欧洲技术制作，原产地也是在欧洲——应该是一个怎样的文化背景呢？我们该如何界定它们能否作为故宫馆藏中国文物的一部分，甚至中国文化的一部分呢？

还有钟表、鼻烟壶和科学仪器这些以西方文化为源头的物质文化，最后也成了"中国制造"的艺术品，留在了故宫，留在了中国。其实不止中国，这些物质文化在全球的其他博物馆中都有收藏。这也就是全球化背景下博物馆藏品发展经历的一种见证。2014年ROM举办的来自故宫的"紫垣撷珍"展览，其中有一件平凡而特殊的文物，是法国制造的积木玩具。这个积木是给皇宫里的皇子皇孙开发智力、启蒙教育的工具。虽然这个文物可能在故宫馆藏文物分类中被

图4.15：清中期王致诚绘《十骏马图册》，故宫博物院藏，2014年在ROM"紫垣撷珍"展览中展出。

定为外国文物，但是这件玩具除了是"法国制造"外，它始终是中国宫廷生活的一部分，也是中国文化的一部分。它被挑选到在ROM的展览中，和同治皇帝的蛐蛐罐一同展出，同样都说明了紫禁城里皇室生活的童趣。这里也说明，一件文物的文化属性有时也是与策展主题相关的，是与策展人的阐释相关的。在不同的展览情景中，文物不同的文化属性反而会彰显并阐述不同文化。所以，在这里法国制造的文物也是中国文化的一部分。

这件积木玩具应该是通过贸易渠道进入故宫的。郭福祥先生进而认为：故宫所藏的外国文物，"不管通过哪种渠道，都具有流传有序、获取正当的特点，这和世界上其他大型博物馆在馆藏建立过程中发生的文物偷盗和劫掠的情况完全不同"[1]。如果这样绝对地将"世界上其他大型博物馆"与"文物偷盗和劫掠"联系起来是有失偏颇的。二十世纪初西方博物馆无法掌控文物流失上游程序的混乱已经成了历史的遗憾，如今世界各国的博物馆都在遵守自律和他律的道德准则和法律约束，这里不再赘述。

文化的认可和象征是人类发展史上重要的精神支柱，但是就物质文化本身而言，在日益全球化的背景下，我们要如何看待博物馆已经存在的文物及其文化归属？一件文物是否一定要打上某个历史事件或地缘政治的标签？我们能否将欧美博物馆和中国博物馆，看作是全球化下的一个共同体，共同让藏品来为当代社会重新诠释过去两三百年的世界史、文化史、战争史、殖民史、学术史？鸦片战争和"火烧圆明园"的国耻不应只停留在中国的博物馆里，是否也应该呈现在英法的博物馆里，也是英法殖民历史的一部分，是无法抹去的"污点"的见证？而宾大收藏的昭陵二骏也必须要让美国观众了解中国社会如何在大国欺凌下国宝飘落异乡的事实。同样，留在故宫的《俄太子东游记》和相关文物可以为中国老百姓讲述中俄政治经济文化交流的盛况。

1　郭福祥：《文明交会的物证：北京故宫博物院外国文物收藏概述》，任万平、郭福祥、韩秉臣主编《宫廷与异域：17、18世纪的中外物质文化交流》，厦门大学出版社，2017年，第4页。

昭陵二骏是中国近代史中的悲剧故事，而它也应该成为美国近代史中不能忽略的一个"证物"。只有同时关注中美的这段历史进程，才能更准确地从文物的流传史角度阐释出历史课本上无法着墨的真相。在全球化视野下，文物所承载的内涵，已经不单单是历史上某个时间点人们的生存痕迹了。它们的流传与呈现的经历，已经和全球化的历史紧密地捆绑在了一起。在这种全球化历史背景下的流传与呈现，也让它们的文化属性有了一定程度的叠加和丰富。"为什么一件中国的文物会出现在美国的博物馆里？"当观众能够提出这样的问题，并为之做出思考时，这件"异乡的国宝"就实现了在本土语境下难以实现的意义和价值。

历史与当代：全球化下的中国艺术

ROM收藏有一件五彩莲花蝙蝠开光纹双耳方瓶，是清乾隆官窑的精品（图4.16）。景德镇中国陶瓷博物馆和故宫博物院也有同类瓷器。我常常会半开玩笑半认真地对我的客人介绍说，这是乾隆时代的"当代艺术"佳作。乾隆皇帝让他的艺术家工匠吸收了西方艺术元素和设计（色、料、型），是一种在传统的中国瓷器上勇于创新、不断探索出来的新式"当代"艺术。然而三百年后的今天，它却是拍卖市场上价值不菲的古董[1]。很遗憾，当时创造这件艺术品的艺术家，并没有留下姓名，我们无法知道这个作品背后的"工匠"是中国人还是旅华西洋人，抑或是中外艺术工匠的团队合作。只因一款"乾隆年制"，就把它的身份贵族化了。

有意思的是，在中国人的眼里，这件花瓶经常被视为乾隆年代的古董，但在一些西方人眼中，却把它与欧洲的华丽风情联系起来。这也许就是三百年前全球化下中国艺术的一种表现，细微而精致。

1　Wu, Anthony, Representing Current Market Trends in the Modern Asian Art Institution, *Orientations* 48 No. 1, January / February 2017, pp.103-106.

图4.16：ROM收藏的五彩莲花蝙蝠开光纹双耳方瓶，是清乾隆时期的艺术品。

如今，旅欧、旅美的华裔艺术家开始在中国境外创出一番艺术天地。他们的作品开始被西方主流博物馆收藏，如纽约的当代艺术博物馆（MOMA）收藏蔡国强的"草船借箭"（图4.17）；大都会艺术博物馆收藏邱世华的"无名"；伦敦的V&A博物馆收藏邵帆的"国王椅"（图4.18）；ROM收藏邵帆的"祖母"和闫晓静的"云的景致"（图4.19、4.20）。可以看到，他们的作品之所以被西方主流博物馆收藏，不是因为它们是"中国艺术"，而是因为他们的作品是以现实生活中人们习以为常的色相形意来创作的当代艺术。他们虽然没有强调中国元素，但背后却包含了中国文化的精神。所以，尽管他们作品的形意是大众的、超地域性的，但灵魂仍然是中国的。

在一次研讨会上，我问闫晓静老师，你怎么定义自己的作品：中国艺术还是加拿大艺术？她听完之后一愣，一脸茫然，简单说道：我的目的很简单，就是要打破条条框框，挑战界线。但是作为一个移民，我们跳不出人为的界线，所以需要我们的作品更加有深度和广度。我希望我的作品主体中是人和自然的关系，而不是中国文化，但是应该用中国文化作为体现人和自然关系的基础。所以我认为我首先是艺术家，其次才是加籍华人。

当闫晓静的作品获得加拿大联邦文化机构、安大略省艺术基金会、多伦多市艺术委员会三级政府的文化奖项的时候，似乎可以说明闫晓静的作品不是中国艺术，而是加拿大艺术。但是因为她本身的华裔身份，其作品在入藏ROM的时候又归于"中国艺术"的类别。这是在传统博物馆转型中的一种无奈。

图4.17：美国纽约当代艺术博物馆收藏并展出的中国
艺术家蔡国强的"草船借箭"

图4.18：2018年邵帆（昱寒）
在苏州博物馆个展——"你"中的
艺术品

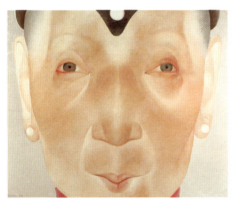

图4.19：ROM收藏的邵帆（昱寒）的作
品"祖母"。收藏这件作品是基于ROM有着
丰富的清末民初的祖先肖像画。

图4.20：ROM收藏并展出的闫晓静的作
品"云的景致"

其实，在今天全球化视角下，一件如"云的景致"这样的作品是中国艺术还
是加拿大艺术，他们的界限已经不是很重要了。因为定义"中国艺术"不会再以
是不是中国人、是不是中国艺术家的作品为标尺，也不应该以作品是不是在

中国境内完成作为标准。在过去，广东十三行的作品或商品，是中国制造还是来料加工的作品（图4.21）？晚清的外销艺术品在西方博物馆中多半在欧洲艺术部或瓷器部，而不是在东亚部或中国藏品部。在今天的景德镇，据统计2018年有35000余位"景漂"的艺术家，其中有8000多艺术家来自中国境外。西方艺术家在景德镇，以得天独厚的资源和浓厚的陶瓷文化传统为底蕴，创作出一件件既传统又现代的当代艺术作品（图4.22）。有些作品是中国艺术家以西方时尚为蓝本的创新，有些作品是西方艺术家以中国传统为根基的创意，他们当中不少作品也已被国内和国外的博物馆入藏。所以，这些作品，是中国艺术还是非中国艺术？是也！非也！

这些作品是艺术品也是商品。博物馆入藏的当代艺品术和传统艺术品，其实全都是通过商业渠道完成的：私人藏品的交易、古董商家的讨价还价、拍卖行的竞争、画廊背后的成交等等。博物馆和艺术家之间的合作以及藏家的友情捐赠，虽然有时对博物馆来说是无偿的，但是其中各种条件也是通过商业契约完成的。所以，艺术品本身就是商品，可以买卖。既然有了买卖，就可以有出境入境。既然是从一个地区流向另一个地区，那么艺术品本身就应该取得流通的身份认可，那就是作为艺术的商品必须具有合法流通的凭证。

作为商品的艺术品，留在个人或企业单位等机构时，就成了私有财产。私有财产是可能迁徙、流动和作为遗产转手的。在欧美的国家体制下，大多数博物馆的藏品就是博物馆的私有财产，但是对这类财产的买卖贸易和流通要受到博物馆行业职业道德规范的约束和代表纳税人的董事会的监管。实际上，和中国博物馆藏品管理一样，大多数欧美博物馆的藏品也是属于国家的文化财产或文物。

所以，能具有国家文明象征的艺术，不论是古代的还是当代的，都会有国家政策认定为文化财产或者说"文物"。作为国家文化财产的艺术品，每个国家都有其法律法规的限定和保护，而其他国家都必须予以尊重和配合。因为不管是哪个国家的文化财产，都应该是人类的遗产，都应该受到保护和尊重。比如说，中国的《文物出境审核标准》规定1949年以前的艺术品原则上不许出境，1911年之前的艺术品视作文物一律不准出境。韩国文物管理部门规定50年以上的艺

图4.21：何鉴菲博士在ROM策划的"中国制造：从外销艺术到文化交流"（Made in China: Cultural Encounter through Export Art）展览

图4.22：景德镇的当代艺术创作

品就是韩国的文物。加拿大也具有国际上最为全面最为严厉的"文物进出境法案"（Cultural Property Import and Export Act）[1]。

那么，博物馆应该如何展示和研究这样的全球化艺术呢？

我个人的看法是，二十一世纪的博物馆不能再自以为是、自说自话地定义和诠释自己博物馆的藏品了。也就是说，博物馆的策展人对艺术品的研究、阐释和展示，不能仅仅凭借自己几十年的学术教育所得的知识背景，而是要与时俱进，接纳不同的声音和观点。

这里大致应该有五种声音和观点需要博物馆适当地考量：

一是来自全球不同国家和政府机构的官方声音和观点。博物馆不能仅仅要求自己对本国的文物政策法规有了解，也必须对艺术品涉及的相关国家和政府的政策法规充分解读。

二是来自全球不同文化背景的学者专家的声音和观点。博物馆往往说我们对藏品的研究是根据最新最权威的学术研究成果进行的。但问题是，这些研究究竟是"谁的研究"。比如说，欧美博物馆在研究中国或东亚艺术的时候，往往听到的是欧美学者的观点，对中国学者的观点却视而不见、充耳不闻。同样，中国的

1　原文见：https://laws-lois.justice.gc.ca/eng/acts/c-51.

博物馆在举办中外文化交流展览，如丝绸之路展览或佛教传播展览的时候，有没有吸收或采用其他国家相关学者的观点呢？

三是来自全球不同民族社区的声音和观点。博物馆常常被认为是一种主流文化的代表，多伦多的中国社区代表常常认为和ROM合作是进入加拿大主流文化的一个象征。不错，但是作为加拿大主流文化代表的ROM在策划多元文化类展览的时候，仍要求去聆听和尊重相关社区的意见。我们在策划故宫的"紫垣撷珍"展览的时候，就组织了中国文化咨询社区委员会为策展团队出谋献策。ROM在改造原住民文化展厅的时候必然要求有原住民的代表和博物馆策展人一同工作（详见第六章）。同样，在一个多元民族大融合的国土上，以汉文化为主流文化的博物馆在研究、诠释和展示其他民族文化的时候，是不是也需要聆听和尊重他们的认识和意见呢？

四是来自全球不同文化不同政见的观众的声音和观点。前面多次提到，如果博物馆想要和观众平等地对话，首先要学会倾听观众的"吐槽"，特别是当展览涉及他们自身的文化背景时。虽然他们的意见有可能偏激或偏颇，但是博物馆只有和他们平等对话，才有可能受到真正的启发，并重新审视博物馆中他们关注的文物。我的工作经历中有来自日本和韩国的观众对展厅中的区域地图发出抗议，也有来自韩国的明星借用展厅发声对日本殖民文化表达不满。有个西方观众给我写邮件愤怒地要求我把一件马家窑文化的彩陶撤换下去，因为彩陶纹饰上有一个"卍"万字纹，而这位犹太人的后裔误以为是德国纳粹的符号。博物馆不应该仅仅去争辩对与错，而是应该抓住机会，平等真诚地去对话，才能了解观众到博物馆来的真正原因，并在博物馆中得到真实的信息。

五是来自全球不同文化背景的博物馆研究员、策展人的声音和观点。同样是博物馆，同样也是策划一个中国展览，具有不同文化偏见或偏爱的策展人也都会对中国文化有不同的诠释。我们常常认为自己这种在西方博物馆工作的中国本土策展人应该是最了解中国文化的，可以策划出最能表达中国文化的展览。其实这并不一定正确，因为带着中国血统的我们可能会带有"偏爱"的心态去策划一个中国文化展览，反而容易忽略占比更大的西方观众的视角。当然我也见到过传统的西方策展人仍带有四十年前对中国的偏见来阐释中国文化。所以，只有在同行之间相互尊重、相互学习的过程中，我们才能真正地理解中国文化和阐释中国艺术。

因此，二十一世纪的全球化过程就是让博物馆对艺术和文化的关注点，从"解释文化传播"转移到"关联文化社区"（community engagement）。在这样的转变中，中国艺术（古代的或当代的）在博物馆中必然占有她独特的一席之地，不会因为全球化而被边缘化甚至消失。但是，中国艺术的定义必然要比过去的理解更有广度和深度，因为中国艺术不再是唯一可以解释中国文化的载体。其他艺术，如日本艺术、丝绸之路上的艺术，都可以用来讲述中国的故事，同样我们也可以通过中国艺术来深度认识世界上其他地区的文化和艺术。

博物馆不再像过去那样需要以文化传播或文化差异为核心去展示和阐释中国艺术。博物馆可以把研究和阐释中国文化和艺术的角度放在全球历史和文化的视角之下。这样的话，博物馆就可以真诚地听取来自不同文化背景、不同政治经济体制下的政府、社区、学者和观众的声音与观点，然后重新认识中国的艺术和文化。

5

五谈

博物馆文化遗产之道：

形而上

"形而上者谓之道，形而下者谓之器"，这是《易经·系辞》中的章句，是中国古代哲学体系中的重要论述。

形而上是中国古代哲学的思辨之道，用于解释事物和实践之外的精神与意念。那么，这个哲学概念和博物馆有什么关系吗？

如果说形而下的"器"代表的是博物馆的藏品，那么形而上的"道"体现的就是博物馆背后的文化精神。对于博物馆而言，不能只停留在藏品的研究与展示上，更应该去思考藏品之"上"的精神因素。

二十一世纪的博物馆强调以"人"为本，不仅要求博物馆在公民和社区中扮演一个关键角色，更要求博物馆提供切实有效的实践，来将观众的精神生活和博物馆的文化遗产理念匹配起来。无论是物质文化遗产，还是非物质文化遗产，都需要博物馆从关注形而"下"的物质本体，向关注形而"上"的精神理念方向转变，这其中具体包括了文化遗产的价值和伦理。

我在此处采用"形而上"的概念，目的在于强调博物馆"理念"与"实践"在概念上的区别。考虑到当下博物馆界对实践经验的总结多于对理论的探讨，因此希望通过强调"形而上"，来呼吁人们重新审视二十一世纪背景下博物馆中的文化遗产。

那么，什么是博物馆的文化遗产之"道"呢？

《多伦多宣言》：当代社会中文化遗产的价值与伦理

博物馆的文化遗产之道，就是博物馆在当代社会中所承担的文化遗产的价值观和伦理观。

2016年秋，我与两位美国文化遗产和考古学家在ROM共同组织了一场主题为"文化遗产在当代社会的相关性与应用性"（Relevance and Application of Heritage in Contemporary Society）的工作坊。这场工作坊由一群来自不同学科和实践领域的专家学者组成，从各自的专业出发去关心人类文化遗产价值与伦理。这是继过去二十

图5.1：2016年秋在ROM举行了一场主题为"文化遗产在当代社会的相关性与应用性"的文化遗产工作坊。工作坊的目的是呼吁社会各界对文化遗产价值重新认定。对文化遗产价值认定标准的重新呼吁，意味着主张文化遗产应当被社会各界、各层次利益相关方来包容地定义、公平地应用。

多年来举办的多次相关工作坊的一个连续性工作[1]（图5.1）。过去，工作坊和研讨会多半在大学、国际会议场馆或文化遗产遗址等地举行。这次邀请了来自美国、加拿大、澳大利亚、英国、埃及、日本、中国七个国家的18位学者，第一次聚集在博物馆的环境下谈论这个重要话题。本次工作坊的主要目的是"确保在变化中的世界遗产，能够得到全方位的定义"。这意味着包含博物馆在内的传统文化遗产载体，开始呼吁对文化遗产价值重新认定。文化遗产不应该仅仅由考古学家、人类学家或者政府来赋予价值和定义，而是要包含各个领域的声音，包括来自被定义为文化遗产的社区群体和个人的声音。对文化遗产价值认定标准的重新呼吁，意味着主张"文化遗产应当被包容地定义、公平地应用"，不仅仅是被博物馆、学者和政府利用，也要涉及文化遗产的各层"利益相关方"

1　Message, Phyllis M. and George S. Smith, *Cultural Heritage Management: A Global Perspective*. University Press of Florida, 2010; Smith, George S., Phyllis M. Messenger and Hilary A. Soderland, *Heritage Values in Contemporary Society*. California: Walnut Creek, 2010.

（stakeholder）。特别是对于政府而言，需要完善面向各个层面的政策支持，用法律法规来保护文化遗产。

对"文化遗产"的定义，在不同时期、不同文化语境、不同的政府行为下都会有不同的诠释角度。在这次工作坊中，大家一起将"文化遗产"定义为：

> 一个民族或社会群体为了其未来世世代代的福祉而从过去继承下来的，并在当代悉心保护的物质遗物和非物质元素。

"物质遗物和非物质元素"就是我们常说的物质文化遗产（历史遗迹、宫殿、纪念物、文物、书籍、艺术品等）、非物质文化遗产（民俗、语言、传统、知识等）和自然文化遗产（自然景观、物种等）。

然而，所谓的文化遗产保护并不单单就是发掘一个遗址，复原一段历史，修复一座古塔，建造一座博物馆，而是需要我们通过这些基础的考古和博物馆工作，结合当代社会继往开来的需求，把握公众对遗产理解和利用的渴求，建立起历史和当代的关联，提供时空对话的平台，把人类情感深处的记忆融合到可观赏、可学习的博物馆藏品中去。

如果说在二十世纪语境下，博物馆更注重文化遗产中形而下的"器"，那么在二十一世纪，博物馆应当更加重视文化遗产中形而上的"道"。如今，我们更应该注意到，博物馆中的文化遗产在很多方面都是无形的——包括对过去的记忆和重新体验过去而实现的一种文化传承。

比如说，博物馆中展出了一件二十世纪初民国时期的中国瓷杯或者一件旗袍，也许在传统的博物馆意识中它们既算不上精美也称不上古老，更谈不上是近代中国文化的典型代表。但是某些加拿大观众看到后，可能就会联想起他们的祖父母当年在中国传教和教书的经历，想到他们小时候依偎在老人身边听那神话般的中国故事。而唤醒这段宝贵回忆的，恰恰就是这些不起眼的曾经在生活中、在身边的陶瓷杯子或旗袍。

我们常常说，文化遗产是"过去"的"载体"。对于博物馆来说，这句话尤其不是一句空话。博物馆不仅是物质的承载者，同时也肩负着对历史文物的诠释。二十一世纪的博物馆不应该简单停留在"什么物件"（what），"从哪里来"（where）和"什么时代"（when）。而是应该去寻找和当代社会中的人及其生活的"相关性"。就像上述的瓷杯和旗袍，传统的博物馆一般会用它们去反映民国时代的生活，但是现在我们就该考虑这两件文物会对当代社会中某个家庭、某位观众带来怎样的触动，我们应该通过怎样的展示方式让这些触动也能够带动其他的观众引起情感上的共鸣。

首先，需要强调的是"价值"对文化遗产的重要性。文化遗产之所以成为文化遗产，最重要的环节就是价值判断。如果博物馆将"是否是文化遗产"作为藏品征集的标准，那么，这样的价值判断该如何做出呢？或者是基于怎样的考虑提出的呢？这答案需要博物馆认真地以发展眼光去考虑。以前，如果我们对文化遗产的价值判断是以古老程度、精美程度或者与特殊事件的关联为基本准则的话，那么现在，我们对"过去"的评价，既是社会上不同价值观的集中体现，也是我们对过去的一种认识和记忆。因此，文化遗产之所以成为文化遗产，决定因素并不是文物本身的重要程度，遗址本身的早晚、面积的大小，而是应该取决于个人、社区和国家的诉求。

其次是关于价值和伦理，文化遗产究竟包含了"谁的文化"？这一问题与文化遗产的阐释权直接关联。我们首先需要思考，为什么在该地区会出现这样一个文化遗产，这背后代表了哪个群体的文化认同或价值观？这一点在北美洲和大洋洲的博物馆中有集中的体现。这些国家博物馆如何面对原住民的文化遗产，如何诠释他们的历史文化？他们的文化遗产既是殖（移）民时代的本土文化，同时又是美国、加拿大或澳大利亚、新西兰文化遗产的一部分。这些文化遗产是原住民的主体诉求，是社区的共同记忆，还是政府的指导性政策？明确了文化遗产中的文化归属问题——即伦理问题，才能为公众的决策提供可靠的参考信息。如果忽略了这一问题，或者一味地让阐释权被专家和学者垄断，那么文化遗产的价值阐释仍然只会停留在二十世纪博物馆的"展柜"里，和公众之间永远隔着一层看似透明的花玻璃。

　　另一个需要思考的问题是："谁拥有这些文化和历史？"这一问题也关系到文化遗产的阐释权归属。但不同的是，上一个问题着眼于"同一文化遗产背景下的不同群体"，而此处则隐含着"由文化遗产的'他者'来进行的阐释"。这点我们在上一章提到过，博物馆展示为什么一定要由专家学者来诠释呢？为什么不可以让东方人来诠释西方文化呢？为什么东方文化和艺术一定要东方人在诠释呢？为什么博物馆原住民文化和艺术的展厅必须要有原住民酋长联合会的参与呢？为什么有关女性主题的展览必须由女性策展人来策划呢？等等。如果说对"谁的文化"的讨论尚属于在同一文化背景下不同群体的价值判断问题，那么"谁拥有这些文化和历史"实际上就已经属于文化遗产的伦理问题了。二十一世纪的博物馆要求我们和过去发生关联，这需要我们能够先意识到，任何文化遗产都有和过去发生关联的途径。然而更重要的是，在明晰这些途径之前，我们必须要先明确文化遗产背后的"利益相关者"。无论是同一文化遗产内部的不同群体，还是文化遗产之外的"他者"，他们对定义过去、应用过去和评估过去的影响都十分深刻。因此，只有对文化遗产背后的利益相关者有着清晰地认识，才能让彼此之间的对话更有成效和意义（图5.2）。

　　通过对文化遗产价值和伦理的理解，将过去和现在关联起来，将观众的生活和博物馆关联起来，才是二十一世纪博物馆中文化遗产的应用目的。对于博物馆而言，如何利用各种途径来实现过去和现在的关联，应当成为博物馆一切工作的出发点和落脚点。这一观念，就是博物馆中文化遗产"形而上"的具体表现。落实到博物馆的具体工作中，就是要通过阐释，为观众呈现出文化遗产和当代的"关联"，并让观众获得这种体验。

　　工作坊结束前，大家合议并公布了一份《多伦多宣言》（见附录），用以指导各个领域对待文化遗产的行为措举（图5.3）。相关研究论文于2018年出版[1]，在前言中，我们对文化遗产的利用和理解方式进行了界定，具体如下：

1　Yu, Pei-Lin, Chen Shen and George S. Smith, *Relevance and Applications of Heritage in Contemporary Society*. London and New York: Routledge, 2018.

- 现代人们的生活因为充满了对过去的记忆才会感到满足和幸福。

- 结合当代社会的需求和关注社会焦点来平衡对过去的理解，才是保持过去与当代社会关联性的根本。

- 认识过去、联结过去，会给我们提供一个视角，来重新认识我们是谁、我们是如何生活的、我们是如何看待和对待他人的、我们是如何对待过去的。

- 理解过去的方式有很多，不同的方法定义了谁是讲述者和谁是倾听者。

- 当代和过去的相关性，必须在二十一世纪的社会中得到利用和展现。

图5.2：2015年春，加拿大阿伽汗伊斯兰艺术博物馆（Aka Khan Museum）推出"黑石号"沉船遗物展览并召开相关文化遗产研讨会。作者在会上提出这样的困惑：展出的"黑石号"遗物到底是谁的遗产？船本身制作于阿拉伯世界，船上的货物是中国制造，贸易口岸则遍及全球。船的主人可能是阿拉伯人，但是船员们来自世界各地，今天这艘船上的货物更是收藏于世界各地。有些情况下，这种归属问题是非黑即白的不争事实；然而一旦涉及商业和贸易，归属的边界就很难划清了。"黑石号"沉船展正是后一种情况。作者认为这是一个用于讨论博物馆与公众互动的极佳案例，用于向我们自己、向观众提问，文化遗产到底属于谁？回答这个问题的过程就是一个学习和受教育的过程。

图5.3:"文化遗产在当代社
会的相关性与应用性"工作
坊提出的《多伦多宣言》
中文版宣传单

在这个二十一世纪的社会中，博物馆就是不可缺少、不可代替的联结过去与当代社会的桥梁。博物馆展示文化遗产的目的，应当是充分地将人类情感深处的记忆和博物馆中的文化遗产相融合。

吴大澂的玉璧：作为文化遗产的藏品

博物馆的藏品是遗物也是遗产，这点毋庸置疑。其实，"藏品"一词是二十世纪博物馆的典型翻译。英语词汇中的"object"代表"物件或器物"，代表了博物馆全部类型的藏品，既可以是文物也可以是艺术品；既可以是考古出土遗物也可以是年代久远的收藏品。在博物馆语境下，我们暂时仍使用"藏品"一词来作为"object"的义项。在汉语中，也许过去的博物馆着重于"藏"，所以才叫"藏品"；而现在，我们努力"让文物活起来"，博物馆的器物不只是"藏"，而且要"用"。不过我们不能就此把博物馆的"object"翻译成"用品"。

藏品研究（object study），是博物馆工作的基础。在二十世纪的博物馆语境下，这一点不仅仅是出发点，也是博物馆一切工作的落脚点。在二十一世纪的博物馆语境下，藏品研究虽然仍是一切工作的前提，但不再是一切工作的目的。博物馆必须结合社会发展的需要，把握公众对体验的渴望，以藏品建立过去与现在的关联，为观众呈现出时空对话的平台。

我们可以从两个方面去理解作为文化遗产的博物馆藏品：一是藏品为公众提

供了连接历史长河的途径；二是藏品为公众与历史的对话提供了媒介。

博物馆中的历史文物常常由考古学家和历史学家来表述它们的文化属性和历史源流。文物在博物馆进行展示的时候，寄希望于观众对文明的认识，从而使他们流淌在与过去相关联的历史记忆中，这就天然地赋予了藏品能够让观众发挥与他们自身历史相关的想象力，让他们去感受博物馆中的文化遗产给他们带来的震撼和体验。因此，我在上课的时候，会让学生抚摸一下150万年前直立人制造的石斧，然后让同学们想象：你现在看到的和摸到的，让你和生活在150万年前的非洲猿人联系起来了，因为这件手斧曾经由他们制造出来并在他们的手中使用过。同学们听完后，虽然会偶尔起点鸡皮疙瘩，但会发现现在理解这件藏品比起以前不一样了。

作为连接历史的途径之一，博物馆中的藏品应该让观众自己去观摩、体验和阐释，而不是停留在博物馆学者们的一纸说明上。当然，公众对藏品诠释有助于让藏品走进他们的生活背景，他们相对独到但是也许狭窄的视角则必然不能等同于博物馆展览的策展人和学者的表述。因此，我们需要思考的是：作为在博物馆里从事藏品研究和展示的策展人或研究学者，我们如何能做到将博物馆藏品的文化遗产相关性带入当代社会？我想，这首先需要我们倾听观众对藏品的诉求和冀望，然后把他们的视角带入研究和展览策划中去。

另一方面，藏品应该成为沟通的媒介。在历史上，人们创造出来的遗物改变着人们的生活，而现在，有些博物馆展出了手机或平板电脑，对它们的阐述自然也是多层次的。可以理解，展览中这样的物品并不是作为艺术品或独一无二的历史档案来展示的，但它却成为沟通博物馆学者和寻常观众之间对话的契机：一同寻求对过去、现在和未来的理解和期待（图5.4）。因为这样的物件，策展人和观众对其基本的功能和作用的理解都是一致的，但对其影响社会和生活的看法会不一样。对观众来说，文化遗产的保存是他们生活的一部分；而对策展人来说，文化遗产的阐释是他们的社会责任和道义所在。所以，在博物馆展示藏品时，应当将学者或策展人对藏品学术内涵的阐释，通过社交媒体等媒介，转化为与博物馆观众生活利益相关的全新内容。

图5.4：美国库伯·休伊特设计博物馆（Copper Hewitt Smithsonian Design Museum）将150万年前直立人设计和使用的石斧与当代瑞士军刀、苹果手机一同展出。

我想说明的是，当代社会的文化遗产价值不再仅仅凭借博物馆所呈现的物质文化藏品数量的多寡来衡量。在目前多元文化多元政治的社会中，文化遗产价值更多地存在于我们的历史和现实的生活联系在一起的时候，这使得我们今天的文化有更多层次的体现和表达。博物馆的展览可以讲故事，也可以煽情，还可以互动，但是真正需要做的，是如何让藏品与展览为文化遗产的价值发声。

2012年ROM入藏一件吴大澂旧藏的玉璧。本是一件寻常的良渚文化的玉璧，在博物馆展厅中也就是简单四行字：苍璧，玉质，中国良渚文化，距今约4000年。然而，通过对文献的研究和对南浔、上海、香港等地的走访，我发掘出了玉璧背后蕴藏的文化遗产价值。最终，一段江南顾氏家族的兴衰史，伴随着这块古玉的一路沧桑，缓缓地呈现于世人面前。这件古玉既见证了顾家五代在上海蚕丝生产贸易的崛起，也目睹了顾家琪先生继承祖训遗志、在香港致力于中国教育慈善事业的宏大胸怀。我们讲述这块玉璧的故事，不单单是文物的收藏渊源，更是通过这件藏品，让观众感受到一幕幕和我们现在生活相关联的历史事件：晚清甲午战争中的吴大澂、《南京条约》后的上海开埠、南浔的经济腾飞、民族丝绸产品走向世界、中外商场竞斗、中加名媛的纽约相识、献身信仰和慈善事业等等。这段故事我已经在多处发表，此处不再赘述[1]（图5.5）。

1　沈辰：《多生还得此相逢：吴大澂和他的藏玉》，苏州博物馆编《清代苏州吴氏的收藏》，南京：译林出版社，2017年；沈辰：《故人似玉由来重：吴大澂旧藏玉璧流传轶事》，《美成在久》2015年第9期（总7期）。

图5.5：ROM近年收藏的吴大澂旧藏玉璧

这件吴大澂旧藏的良渚玉璧可以表明，研究博物馆的收藏史，是与人类的社会关系和社会发展紧密相关的。一方面，因为了解了这样一件由名家收藏的文物是在什么时间、通过什么样的渠道成为博物馆藏品的经历而使我们感到欣慰；另一方面，通过我们的研究，成功认识到了这件藏品从中国经美国到加拿大的传承历史，并由此揭示出了一段不为人知的文化，复原了一段精彩的人生故事。

我们在博物馆中常常说，要去讲文物的故事。讲故事本身并不难，难的是讲一个什么样的好故事，才能让我们的观众流连忘返，同时感受到博物馆藏品的文化遗产价值。

赛装节和家庭相机：文化遗产的认同

说到博物馆的陈展，文物的"说明牌"的确可以简单明了地介绍古代艺术品是在什么时候、什么地点、由什么样的民族创造的。这些信息的价值在于，能够增强该民族观众的自豪感。特别对于旅居海外的移民家庭而言，当遗产和他们的历史发生关联时，这有助于激发他们的民族认同感。

在我们讨论博物馆中的物质文化遗产时，也不能忽略非物质文化遗产这个重要议题。在博物馆中，常常有与非遗相关的展示和表演（图5.6），文化遗产

图5.6：加拿大非裔团体在ROM做文化表演

日的系列活动中，博物馆推出的内容往往也以民俗文化遗产的表演和展示为主，这一点在国内外的博物馆中都很普遍。例如，ROM有一项比较成功的年度文化遗产日，包括了中国文化遗产日、韩国文化遗产日、伊朗文化遗产日和南亚文化遗产日等。每个遗产日一般安排在相应文化的特殊纪念日最近的周末（比如中国的新年），博物馆与当地的民族文化机构和团体，合作举办民族表演活动（比如击鼓舞狮、舞龙）。由于这些活动的实施者或表演者通常来自相应的民族，因此观众往往认为这些活动就是典型的民族文化，代表了这个民族的文化遗产认同。

但是，这些活动真的能够代表一个民族的文化吗？换句话说，ROM门前的击鼓舞狮真的就是中国文化遗产的代表性活动吗（图5.7）？博物馆是否研究过击鼓舞狮的形式是如何产生的？为什么一种在某一地区流行的文化娱乐活动，到了北美进行展示之后就会成为偌大个中国所有非遗活动的代表了呢？一方面，博物馆应当鼓励和社区文化团体之间进行合作，但另一方面，博物馆却又不加甄别地只运用一种表演形式来代表某一种文化。中国、伊朗、印度等许多国家，都拥有历史悠久的多元民族文化，因此，单单一种流行的非物质文化表现形式并不能真正代表全部的文化遗产认同。

与岭南文化中击鼓舞狮相类似，彝族的赛装和插花也能说明这个问题。何鉴菲博士在来到ROM访学之前，于中山大学历史人类学专业完成题为《赛装与插花：大姚彝族社区物质谱系与行为》的博士论文。经过多

图5.7：加拿大华人团体在ROM表演击鼓舞狮

年在云南大姚县进行的实地考察和走访，她完成了对彝族服饰的文化谱系分类研究。特别重要的是，她对近代各级政府宣传和发扬彝族文化的政策做了分析，并思考了这些政策对彝族文化的弘扬所产生的作用。何鉴菲博士的结论大胆而又真实，她认为"一个被认为很有时间深度、传承有序的彝族服饰传统是在最近一个世纪内、在各种机缘之下形成的"。也就是说，我们今天所熟悉的彝族文化中最典型的文化遗产认同——赛装和插花，却是近几代人不断延续改造后编排出来的结果。

> 一方面，在地方行政演化、边界反复变换的洗牌过程中被筛出的历史记忆，另一方面，本地人社会中关于马缨花传说中与地界的隐性联系和含义，二者共同在插花的历史记忆被筛出之后成为地方精英在现代节日制造过程中，结合马缨花在本地的象征意义和本地人热衷的行为形成附会。

因为服饰的视觉效果比较强大，在突出少数民族身份体征的时候，传统上就是以服饰为区别标志。何鉴菲博士认为，彝族因为地域和文化的因缘，其汉化的历史比较长，程度比较高，所以赛装和插花就是两种创造出来的形式和意象，让大家相信眼睛见到的东西就是彝族。这种文化遗产的认同感不是用对和不对来区分，而是需要我们通过研究并抱着开放的思维去思考的。

正如何鉴菲在结论中强调的：

> 差异是文化使然，还是特定人群的生存策略，已然分不清，而对待差异和典型的理解不仅是西南民族识别的问题，也是当今文化遗产的问题。深深扎根于历史的，不是文化，而是社会网络，今昔之间可兹类比的是关系、机制和过程。

> 在彝人族群内部，传统中的丢弃行为与堆积的形成过程是具有超越功能性的象征意义的。物质文化在当中是一种非常重要的交流媒介，而服饰只是众多信息媒介之一。[1]

---

1 何鉴菲：《赛装与插花：大姚彝族社区物质谱系与行为》，中山大学历史系博士论文，2013年。

　　所以，回到博物馆的语境下，如果我们需要展出彝族文化服饰或者在文化遗产日的时候表演插花节的舞蹈，那么博物馆就需要去平衡何鉴菲的学术研究和大姚县彝族原住民自我文化认同之间的差异。通过博物馆的展览和表演，引导观众对文化遗产认同这一系列问题的关注和讨论，是博物馆需要在展览背后认真思考的问题。只有做到这点，才是真正的博物馆文化遗产之道。

　　那么，博物馆应该如何实现这一目标呢？

　　这里我将具体介绍一个ROM的"家庭照相机"项目。这是一个由加拿大国家社科基金委员会资助的全国性研究课题，进而转化成ROM的一个原创展览。

　　"家庭照相机"（Family Camera）是由25位加拿大、美国的家庭照片学专家和6个加拿大文化机构合作的多学科研究项目。目的是在ROM等机构建立一个加拿大公民家庭照片的档案中心。他们邀请加拿大公民捐赠家庭照片，为加拿大人保存他们的相片和他们的加拿大故事。每一位捐赠相片或相册的人都会被研究团队面谈，去讲述他们自己的故事。这些故事通过数字化处理进入到博物馆的藏品管理系统中，如传统的藏品一样，永远地留在了博物馆。

　　"家庭照相机"项目主要是以移民家庭为对象，因为对加拿大人来说，家庭照片常常与移民生活联系在一起。无论是祖辈源自欧洲的移民，还是二十一世纪之后中国大陆的移民，在离开祖国和到达加拿大的那个时刻，都会成为各自生活中的里程碑，也会伴有不同形式的照片和记录。也许，有些照片在移民的过程中丢失了，抑或是无意地留在了原地，但它们都是加拿大移民生活的一部分。所以"家庭照相机"项目探索的主要问题是：家庭照片对每一个家庭而言意味着什么？这些照片如何影响或形成了人们的记忆？如何反映了加拿大历代新移民的生活和经历？又是如何告诉我们不同国家、不同地区的历史和故事？一年多来，项目组收藏和整理了一万个家庭的照片和故事。在此基础上，ROM于2017年5月举办了名为"家庭照相机"的展览（图5.8）。

　　展览通过移民家庭的镜头，将家庭照片看作是一种文化经历。展览考察了我们现在对家庭概念的重新判断，以及当代社会、政治和技术对这种判定的影响力。一方面家庭文化的改变，比如同性家庭和跨国领养家庭，会深化我们对家庭

图5.8：ROM"家庭照相机"展览

概念的理解；另一方面，一次成像照相机、智能手机和数码相机已经完全改变了我们传统的拍照形式和分享方式。这个展览中每一张照片的背后都有一个加拿大家庭。"家庭照相机"展览希望启发我们对个人、家庭、社区和国家的认同感。

展览的开幕式来了300多人。以往，展览开幕式通常由政府人员、媒体、董事会、会员代表等构成，但是这一次，邀请来的每一个人都代表了一个给展览捐赠或借出照片的家庭。可以相信，当他们看到自己的家庭照片在这个展览中讲述自己的故事时，一定会比他们自己看到的、想到的、认识到的要深刻得多。这一点我本人深有体会，因为我也是这特殊的300人之一，我的家庭照片也在这个展览中讲述着我的故事。

在这个展览开始的前一年，我的父母来多伦多探亲。为了支持我同事迪帕利博士的这个项目，我同意将我的一本黑白照片相册借给策展组。迪帕利和他们团队与我母亲面谈并做了录像录音。这份相册包括了从我祖父母的照片开始，到最后几幅在上海四代同堂的全家福。在我父母的结婚照之后，就是我从出生到大学毕业那段黑白照片的年代。我在面谈的现场给策展组和我母亲做翻译，在这个过程中，我也是第一次了解到在我出国之际母亲的内心感受。在后来的展览中，根据我母亲的口述，策展组写了这样一段说明："这个相册是沈辰的母亲在知道了他于北美完成学业后不再回国时为他整理的，希望他不要忘了照片中的人。这个相册的内容始于沈辰的祖父母和父母，之后就是他自己在不同纪念性

图5.9：作者为了"家庭照相机"展览提供的相册，以及展览中诠释的说明。

阶段与家人和朋友的照片。沈辰计划把这个相册留给他在加拿大出生长大的儿子。"（图5.9）

在这里，照片是展品，每一个加拿大家庭的故事就是文化遗产。每个家庭的影像和记忆的传承，不仅仅是一个家庭的文化遗产，也是加拿大整个国家的文化遗产。移民，是加拿大多元文化的源头。

多伦多市长的礼物

2018年初的一天，我的同事转给我一封电子邮件。来信的是一位女律师，说她的客户刚刚去世，现在代表她客户处理遗嘱事项。其中有一条，她想将家里的两件瓷器捐给ROM。这位律师说，她代表的客人叫马迪·福尔克纳（Mardi Falconer），是前多伦多市长的女儿，这两件瓷器是从她父亲那里传下来的。这两件瓷器，是她父亲做多伦多市长的时候由一个中国的代表团送给他的。赠送的时候还附有一封信，信中向这位市长介绍了中国瓷器的重要性。在邮件里，这位律师也附上了信件中的部分内容。最后，她表示，如果ROM对这两件中国瓷器感兴趣，她可以将瓷器和信带来给我们当面看看。

从邮件中附上的照片来看，一件是民国时期仿清代的祭红器，另一件是广东民窑的达摩像（图5.10）。律师的语气带有试探性，可能她和传统博物馆的想法差不多，毕竟这两件器物"年代说老也不老，价值说高也不高"，博物馆或许不会感兴趣。诚然，若是在十几年前，我也会有这样的考量，很大可能会拒绝这笔捐赠，因为文物本身的质量着实算不上上乘。在之前的章节里我们已经提到，有不少藏家选择通过向博物馆捐赠来

图5.10：多伦多前市长桑德斯的女儿马迪·福尔克纳（Mardi Falconer）遗赠给ROM的两件中国瓷器

实现自己避税的财政目的，因此对于博物馆而言，并非对每一笔捐赠都会接受。但如今我却严肃地思考入藏的可行性。显然，打动我的并不是器物本身，而是他们背后的故事。依稀的资料显示，这两件器物是民国政府第一届国民大会代表张子田在1949年访问多伦多期间赠送给多伦多市长桑德斯（Robert Hood Sanders）的，桑德斯于1946至1949年就任多伦多市长。在这样一个重要而又敏感的年代，这两件器物能为我们揭示出怎样的故事？这促使我很快和律师安排了见面。

过了几天，这位律师带来这两件瓷器，同时给我展示了张子田写给桑德斯市长信的复印件，信上还附着一张名片。因为我在邮件中并没有就ROM是否收藏做出肯定的答复，所以她没有携带原件。在面谈期间，这位律师详细介绍了桑德斯市长的后半生，说他卸任多伦多市长之后，成了多伦多电力公司的总裁（多伦多电力公司在1999年才从公立转制成私有化）。在电力公司涉及的一些开发区中，他开始关注文物和遗址的保护。后来退休后，桑德斯一直在多伦多南部的一个区里从事本土遗址的保护，成为一名文化遗产的积极倡导者和志愿者。

我听完律师的描述，然后阅读了信件，对她说，我决定收下这两件瓷器。随后我解释道，这两件瓷器本身算不上佳品，但是它背后反映的是一段特殊时期内的国际关系。不过，我也提出了一个要求，我对律师说："我必须要收藏那封信的原件，和一切与这份礼物有关的照片、档案、信件等等。"我强调，如果没有这些档案，这两件藏品对博物馆来说，意义会非常有限。博物馆收藏了这两件瓷器，就是收藏了桑德斯的"独家"记忆，我们也非常欢迎他的后代到博物馆来和我们一起缅怀这段记忆。

几天以后，这位律师派人送来这封信的原件（图5.11）。此信写于1949年3月12日，内容如下：

尊敬的桑德斯先生和太太，

我从中国带了一个清朝的古董花瓶，非常精致，是18世纪初年羹尧将军为雍正皇帝御制瓷器中的一件。所以这个花瓶因年将军而得名为年红。

和这件花瓶一起，我还有一尊经过精工细雕，充满美感和艺术感的达摩像。达摩是7世纪唐朝的禅僧，在佛教历史上在四壁空空的房间里学习佛法九年而闻名。这尊雕像的创造者是黄柄，清代最好的雕塑家。作品表现了达摩研修佛法后准备入道时的身心感受。这尊佛像原来由广东富户伍于崇（音译）祖辈珍藏。

向您展示这些中国的艺术精品是我的夙愿。衷心希望这两件作品能在您的家里寻得佳宿。

国民大会代表

张子田 敬上 （印）

1949年3月，中华民国政坛风雨飘摇。这个时候，张子田代表出访多伦多的目的是什么呢？当他见到多伦多市长桑德斯的时候，会发生怎样的交谈？这些内容，都需要史学家们的进一步工作。我不清楚在中国近代史的史料中有没有张子田访问多伦多的记载，但作为访客，我相信多伦多市政府的档案室一定存有记录。不管张子田基于什么出访目的，他给桑德斯市长夫妇准备的礼物的确是精心挑选的。其中一件是具有中国文化象征意义的官窑瓷器，他选择了仿清中期祭红瓶。也许张子田知道这件器物是民国时候的仿品，但是他想表述的是中国的传奇制瓷故事。另外一件是来自张子田的家乡广东石湾的达摩像，同样也具有象征中国文化和民间传统的意义。仔细观察那件达摩像，底款有"黄柄制造"字样。黄柄是清晚期广东制陶名家，广东石湾人，世家制陶，他的石湾陶塑像在海外博物馆多有收藏。达摩像有一个木座，做工精致，刻有方章款："伍怡堂藏"。信上介绍这件达摩像原为广东富户伍于崇（音译）世家收藏，这个伍怡堂应该就是伍家的一个斋号了。

当然，信中的介绍也和事实有一定出入。"年窑"应该是指年希尧监制的陶器。年希尧在弟弟年羹尧被赐死后的隔年，被重新启用，担任内务府总管，外放江苏淮安，管理税务同时兼任景德镇的督陶官，陶英是他的协理。另外达摩实为南北朝南梁时期禅僧，卒于536年，有九年面壁的典故，开创东土第一代禅宗。达摩相传在嵩山的天然石洞中面壁九年，而不是房间。当然这个room也许是石洞翻译的谬误。

信上附有张子田的名片原件，右上行书"第一届国民大会代表、行政院侨务委员会委员"，中行大名"张子田（湘培）"，左下行"广东开平"。第一届中华民国国民大会代表于1946年11月21至23号全国选举产生。广东开平有一位代

图5.11：张子田写给桑德斯市长的信原件，附有张子田的名片原件。

表，经查却是一位叫"方彦儒"的，而不是"张子田"。实际上当年第一届国民大会共选出2961位代表，其中有65位是"侨居国外国民"选出的代表，共有四十一区，加拿大为第四区，只有一位代表名额。这位侨居加拿大的中华民国国民大会代表就是"张子田"。估计祖籍是广东开平。这么说来他作为前"行政院侨务委员会委员"就名正言顺了。因此，他携带中国礼物拜访多伦多市长也算是代表当时的中国政府去从事外事活动。

让我惊喜的是，和信同时送来的还有桑德斯市长女儿收藏的一张照片，虽然和这两件礼物没有直接关系，却是桑德斯市长于1946年10月在中华民国驻多伦多总领事官邸一同欢迎民国政府某省省长张春（Chang Chun音译）和夫人访问多伦多的场景（图5.12）。照片上一左一右的高个子就是熊姓总领事（Yin-Tso Hsiung）和桑德斯市长。关于这位中华民国的总领事，今天在加拿大法律系统网站上还可以查到一个官司：1950年加拿大税务局起诉熊总领事欠加拿大政府4801.11加币的地产税。熊反驳说，他在多伦多的住宅是用来作为领事馆的公务用的，而领事馆非加拿大领地。官司打到最高法院，当时的法官小斯米利（Judge Smily Jr.）判了被告方胜诉，承认熊的住宅是有外交豁免权的外国财产，所以可以免交地产税。同时也说明加拿大政府在1945到1950年期间仍和"民国政府"保持着外交关系。

图5.12：桑德斯市长女儿保存的一张珍贵老照片。照片下的题字是"欢迎尊敬的Chang Chun省长夫妇招待会，中国总领事Yin-Tso Hsiung府邸。1946年10月"。从左至右为：熊总领事（Yin-Tso Hsiung）、张春（Chang Chun）省长、桑德斯夫人、省长夫人、桑德斯市长。

这两件平凡的瓷器，按照传统博物馆的收藏标准来说，很难引起关注。但是ROM收藏了这两件物品，实际上是留下了一段特殊年代里的国际关系史。张子田为什么会到访多伦多？背后的政治意图是什么？他们的家人后代是否知道这段经历？这些问题的解答，或许都可以从ROM入藏、研究、展示这两件器物开始做起。我也希望，通过这两件瓷器，能找到张子田在加拿大的后代，与ROM共享这段记忆。

传教士的中国岁月

过去博物馆的收藏基本关注较为精美的、年代久远的中国文物，通常不接收那些民国早年旅居中国的西方人士从中国购买的"纪念品"。今天，我们需要反思这一标准，开始为下一个百年而收藏。试想，当未来博物馆重新回顾民国时期的中国物品是如何漂洋过海来到加拿大的这段历史时，当未来博物馆希望了解加拿大和美国的传教士在中国如何生活时，能否从我们的藏品中找到答案。

只有了解了博物馆文化遗产的价值观和伦理观，我们才能真正做到"为了明天而收藏今天"。收藏今天的物件不是把别人家不要的东西或者家家都认为是最好的东西，送到博物馆来。我常常和朋友们说，虽然我改变了收藏理念，但是不等于把博物馆变成"旧货店"。为了"明天"收藏的"今天"，一定要和"昨天"关联起来，也要让"昨天"因为"今天"的收藏而更加容易理解、更加生动、更加有意义！

2017年8月18日，我和博物馆东亚部的四位同事，开车到距离多伦多市区150公里的北部小镇，应邀拜访一个加拿大家庭。两个月前，博物馆收到一位名叫苏珊·里德（Susan Reed）女士的来信，介绍说她是一位退休的小学校长，她八十多岁的母亲波林（Pauling）今年计划搬到养老院去，家里有不少祖父母留给母亲的遗物，有些是当年祖父、祖母在中国四川传教的时候带回来的，包括瓷器、书画、印刷品、纺织品和服饰（图5.13）。苏珊女士想知道ROM有没有兴趣收藏这些东西。她继续说，如果ROM不愿收，能不能告诉她们有什么机构愿意收藏这些中国的老物件。"我们非常不愿意看到这些东西进到垃圾场或拍卖行"（We would hate to see the items simply go to landfill or auction block）。

我见过很多家庭，从祖辈那里接收到不少传下来的老物件，虽然他们也非常珍惜、非常不舍得，但是有时候没有能力和精力去整理他们，他们的下

图5.13：ROM专业人员在波林·里德家中观察收藏品（Lance McMillan拍摄）

一代似乎也不会再对这些事物感兴趣了，因此常常来信询问我们，希望能留在博物馆。为了让"今天"的物件更有遗产价值，我和同事在收到这样的请求时，会询问他们关于物件的记忆，比如：这件东西在您家里已经有多长时间了？为什么家里会有这件东西？您知道您的祖辈为什么会收藏这些东西吗？您最初对这些东西的印象是什么呢？您的长辈有没有向您讲述过这些东西的故事呢？等等。这些答案和故事，才是我们收藏这些"今天"的物件的标准。

　　所以，为了了解苏珊爷爷奶奶在中国的故事，我们驱车来到阿克斯布里奇（Uxbridge）镇上的苏珊母亲波林家，受到老太太热情的欢迎。在喝茶中我们了解到，波林过世的丈夫牛顿·里德（Reverend J. Newton Reed）出生于中国，生前是一位受人尊敬的牧师。他们有三个儿子和两个女儿。我们那天见到的就是苏珊和她的妹妹阿琳·拉尔夫（Arleane Ralph）。坐在温馨而又典型的加拿大家中，我开门见山地说：我代表博物馆来收藏一些您家的中国文物，并不是由于文物本身的价值，而是想保存你们家和中国的故事。如果这个故事值得我们传颂给来博物馆参观的世世代代的观众，那么我们博物馆一定会收藏这些文物，保存好你们的故事，尊重你们的记忆，留下我们加拿大和中国共同的文化遗产。

　　苏珊听完了非常激动，她郑重其事地拿出一份300页厚、编排精致的书册，

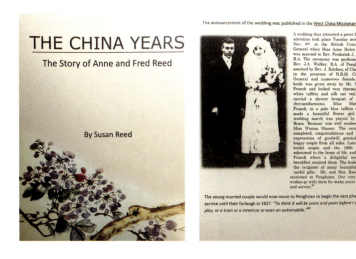

图5.14：小学教师和校长的苏珊为祖父祖母写的《中国岁月：安妮和弗雷德的故事（The China Years: The Story of Anne and Fred Reed）》书影（Lance McMillan拍摄）

题目是《中国岁月：安妮和弗雷德的故事》（The China Years: The Story of Anne and Fred Reed）（图5.14）。这是他们自己制作的书。作为教师出身的苏珊，悉心地用家里收藏的爷爷奶奶在四川省和安大略省之间的信件、日记、照片，讲述了爷爷弗雷德和奶奶安妮在中国的故事，她在前言中这样写道：

> 在我的记忆中，爷爷奶奶的房子里随处可见中国的艺术品。挂在墙上的丝质帷帐；搁板、书架上的象牙雕的小玩意；玉雕成的首饰；厅里成排的中国风景水彩画。还有我的兄弟们喜欢看的书，包括一套百科全书，都在讲述着另一个世界的精彩。再就是我爷爷奶奶的多年好友上门拜访或常常寄来卡片和信件。

> 关于我的爷爷奶奶，弗雷德和安妮（Fred Reed and Anne），我记得最早的故事是他们的相爱和婚姻。他们年轻的时候都是传教士，在长江一艘开往成都的船上相遇并相爱。我还记得一个浪漫的细节：我奶奶的结婚戒指用一根丝带系在另一个传教士的脖子上被带到中国，

时间刚好赶上他们的婚礼。听到这个故事时我还是个年轻女孩，这段奇遇真是一个不可思议的爱情故事。

当时的我并不知道爷爷奶奶共同在中国生活的故事。约从1920年到1950年的三十年间，安妮和弗雷德在传教地生活，工作并养育孩子。那段时间里，他们经历了共产党领导中国之前的文化，经历了战争、叛乱、疾病和萧条。现在看来，他们全部的生活才是个了不起的爱情故事。

这是一部弗雷德和安妮在中国生活和工作的记录。通过安妮的信件和日记你可以了解她的心声。在弗雷德的信件、日记和报告里有他的声音。之后，你还可以听到弗雷德和安妮的子女，多萝西（Dorothy）、牛顿（Newton）、唐纳德（Donald）、埃莉诺（Elinor）和马尔科姆（Malcolm）通过记忆和回忆录讲述他们的童年和青春。

我想感谢我的爸爸、阿姨和叔叔们保存了这些信件、日记、笔记和照片。特别要感谢我的表兄弟和表姐妹们一直保存并和我们分享这份丰富的遗产。

我们一边看这些物件一边聊天（图5.15）。苏珊继续说：祖父母弗雷德和安妮于1920年作为加拿大联合教会（United Church）派出的传教士在中国西部的成都传教。他们分别来自安大略省的不同小镇，当年在长江轮渡上偶遇，似有"他乡遇故知"之感，于是第二年两人便在中国成了婚。夫妇二人除了中间休假曾回到安大略省的故乡之外，在中国一直生活到1948年。那年他们同样是因为休假回国，然后因为时局变化，就再也没有回到自己魂牵梦绕的中国西部。将近三十年的年华，他们的足迹遍及四川大部分地区，包括彭县（今彭州市）、自贡等地。最值得一提的是，弗雷德在教会的资助下，在成都创办了"中国西部加拿大学校"（Canada School in West China），亲自任校长，从事小学到中学的教育。那天的访问，我们看到了家里收藏的一些锦旗，都是当年学校的老师和当地乡绅名士为弗雷德夫妇送行时的留念（图5.16），上面留下了不少姓名，"他们是谁，他们的后人现在在哪里，这个学校现在在成都的什么地方？"这都是我当时看到这些锦旗时下意识产生的问题。

苏珊介绍，我对我祖父祖母的记忆主要和一大堆的中国物件有关，包括墙上的挂件、首饰、雕塑等。我们的父亲（波林的丈夫）从小在中国长大，自己也留有很多的中国文物。我的爷爷奶奶去世之后，他们的中国文物分给了我父亲和他的四个兄弟姐妹。我猜这些中国文物大概是爷爷奶奶在1921到1937年买的。家里的信件中提到有锦缎、瓷器、衣服等，都是作为婚礼、生日的礼物从中国寄到加拿大的。后来，大概在1939年以后，家里的经济情况不好了，他们便不再有多余的钱去买中国的文物了。

苏珊他们眼里的中国"文物"，其实就是民国时期的仿古物，不过也有不少是民国时期比较精美的家用瓷器套件。60多年来这些东西在他们家保存得完整无损，可见他们的珍惜程度。还有一些老照片的印刷品，民间的画作和工艺品，件件都留有那个时代的醇香，以及这家三代人对中国的深情厚谊。难能可贵的是，虽然苏珊这代人五兄妹都在小镇上长大，从来没有到过中国，他们对中国的了解也许还停留在爷爷奶奶的故事里，但是他们一家比其他加拿大人，甚至加拿大的华侨家庭，都对中国有着更多的向往和期待。因为他们和中国的物件一起长

图5.15：作者和同事与波林（坐中间者）一家人聊天（Lance McMillan拍摄）

图5.16：作者和同事在观看"中国西部加拿大学校"的老师和当地乡绅名士在校长弗雷德离别的时候为其敬送的锦旗（Lance McMillan拍摄）

图5.17：离别前，波林在捐赠协议上郑重签了名（Lance McMillan拍摄）。

大，这些物件不只是祖辈的遗产，更是他们爷爷奶奶与中国的故事。

一个半小时以后，我们同事包装好了64件挑选出来的物件，装上车，告别了苏珊和她的家人（图5.17）。我们带走的，不仅是一件件未来在博物馆展厅说明上断代为"民国时期"的中国藏品，更是给博物馆带回了弗雷德和安妮的"中国岁月"，也保留了苏珊这代人的记忆和情怀。这批藏品甚至承载了加拿大近代史。正如我在上一章提到的，这就是如何在博物馆里用中国文物讲述加拿大的故事。

临走前，我和阿琳的两个十多岁的女儿聊天，发现她们因为离多伦多较远，还没有来参观过ROM。我说，现在你已经有理由要求爸爸妈妈带你来博物馆了。小孩子笑了，大人也笑了。他们看着我们带走了放在家里60多年的东西，一点都没有伤心的感觉，也没有感到失落。如果我们博物馆人能记得这家中国传教士的后代在临别时挂在脸上的期待，我们就不会觉得我们做的这些事情是毫无意义的了。

也许，苏珊的这本《中国岁月》永远不会正式出版。也许，苏珊也不愿意把它交给商业出版社，因为她知道，一旦到了商业出版社，里面的内容会被改得面目全非。苏珊就是希望把这个故事留下来，留给她的后代子孙。而博物馆对她来说，也许能替她把弗雷德爷爷和安妮奶奶的故事留给更多的人，很多她并不认识的人，也包括很多中国人。我对她说：博物馆可以用您爷爷奶奶的遗物和您写的故事，讲给博物馆的观众们听。这是一对加拿大人在中国的故事，也是一个加拿大的故事。

后来苏珊在回复我们的感谢信中说：我们真的没有想到，像ROM这样大的博物馆居然能看中我们的这些东西。我会告诉我的孩子们，以后让他们到博物馆多看看。

6

六谈
博物馆走向社会之路：
任重道远

每年的5月18日是"国际博物馆日"。

但是，坦白地讲，我在ROM工作的前十年间，真的没有感受到有这么一个"博物馆日"。只是会感觉到在每年五月中旬前后诸如北美博物馆联盟、北美博物馆策展人协会等开一些年会。

与欧美博物馆在"5·18"的"平静"不同的是，国内博物馆在过去的十余年间举办了各种隆重而丰富的"国际博物馆日"主题活动。每个博物馆都充分发挥自己的优势，用富有特色的节目和趣味盎然的宣传，吸引了成千上万的观众来到博物馆参与活动。盛大的景象和成功的事例在文博类的媒体平台上比比皆是。

朋友好奇地问：为什么美国、加拿大的博物馆不在国际博物馆日为公众做点节目呢？你们不是总说要打造成面向公众的博物馆吗？如果公众都不知道哪天是"博物馆日"，怎么能说博物馆是公众的博物馆呢？

这个问题的确一针见血。是啊，为什么欧美博物馆不重视"博物馆日"呢？其实这么说并不算准确，在"5·18"那段时间，博物馆也会与媒体接触，并宣传国际博物馆日，至少在"5·18"当天，博物馆是可以享受媒体提供的"免费广告"的。博物馆的年度活动计划中也有把这个"节日"列入项目中。比如，如果博物馆要在五月安排一场讲座的话，完全可以和"5·18"结合起来（图6.1）。当然，之所以认为欧美博物馆不重视"5·18"，更多的是缺失那种仪式感吧？不过这似乎并不奇怪，毕竟北美的博物馆也从来没有因为到了"三八节"而给博物馆的女性工作者放个假或者发个福利。

图6.1：2019年ROM配合"5·18"推出的"ROM讲坛"（ROM Speaks）宣传单

不过，反倒是每年12月5日的"国际志愿者节"，博物馆会认真地对辛勤付出的志愿者道一声感谢！

再想想，为什么非要在某一天做点什么呢？这让我想到过生日。有的人特别喜欢过生日，特别是小孩子，彩带、蜡烛、蛋糕，庆祝生日快乐。有的人不愿意过生日，但是不等于不记得生日。

有朋友感受到我的尴尬，就替我打圆场说：这也说明国外的博物馆已经走进民众的生活了。在感谢朋友对我的宽慰的同时，我也深深地感到：博物馆走向社会之路仍然是筚路蓝缕，任重道远！

博物馆如何才能真正走进民众的生活？

ＲＯＭ有很多经常举办的例行活动，比如周五激情夜（Friday Night Live）、春假活动周、文化遗产日、节日欢庆活动、夏令营、亲子活动、博物馆之夜、ROM课堂和讲座等（图6.2、6.3）。这些活动虽然在名称上各有不同，但是国内外博物馆做起来基本上都大同小异。这些活动的目的也非常明确：就是为了吸引观众和家长的参与，吸引观众不断地回

图6.2：ROM于2013年原创的"周五激情夜"吸引了大量18～35岁年龄段的观众。平时他们为人生梦想奋斗而无暇顾及博物馆，周五放松的时刻会突然发现博物馆中奇妙的世界。

图6.3：ROM年度春假的活动剪影

到博物馆中来。或许在十年前，国内的博物馆对ROM这些活动还有兴趣去了解。但是现在，国内博物馆举办的同类活动，在某种程度上已经比ROM做得更好了。

下面，我想通过实例，来讨论博物馆应当承担怎样的社会责任。博物馆作为一个主体，如何能够发挥主导作用或发挥参与社会焦点的能动性？博物馆如何为当代社会特别关注的社会问题提供探讨的平台并以博物馆自己的视角表达？博物馆能够为政府和社区分忧吗？能共同寻找一些关键问题（如气候变化、种族问题、性别歧视、全球化、老龄化等等）的解决之道吗？

走向社会的博物馆，不只是扩大向观众开放的规模，也不只是"卖萌"的文创或"抖动"的短视频，而是应该用博物馆沉淀下的文化遗产之道，来为社会搭建过去与未来的"彩虹桥"，让博物馆成为社区中一分子的同时，也推动着社会发展的车轮。

收门票的博物馆也可免费参观

从2007年湖北省博物馆开始试行博物馆免费参观政策开始，全国博物馆免费开放至今已有十多年了。实行博物馆全面免费开放政策以来，中国博物馆年参观人次从2.8亿增长到2018年的9.7亿，数十家博物馆年参观人数超过百万[1]。这十年是中国博物馆飞速发展的一个时期，也是博物馆文化深入到中国民众生活的一个阶段。相反，欧美博物馆在过去的十年里，仍然在财政瘦身的情况下努力挣扎，希望突破发展瓶颈，实现完美转身，成为二十一世纪的博物馆。传统的免费博物馆，如大英博物馆和史密森尼机构等，也希望提供有偿的会员制，来增加博物馆运营的财政收入。曾经一度制定了"观众自由付费制"的大都会博物馆，也终因为财政上的困窘而不得不转为固定门票制度。对于西方的

---

1 见国家文物局官网：http://www.sach.gov.cn/art/2019/2/22/art_722_153749.html. ROM 2017年年度参观人数为144万，达历史最高。

博物馆而言，在得不到政府财政的额外支持下，让已有的收费博物馆转变成免费开放的形式，无疑是自杀式行为。这些博物馆甚至都需要通过年度特展的附加门票收入来维持正常运转。

于是问题就来了，一个努力打造"亲民益民"形象的二十一世纪博物馆，比如ROM，却因为收费的门槛挡住了许多经济有困难的弱势群体参与博物馆的活动，或因此无法吸引非传统博物馆观众群体的关注。如果博物馆不能帮助这些群体，特别是其中的弱势群体，那么博物馆所说的承担社会责任就是"纸上谈兵"了。

实际上，欧美收费的博物馆都有免费项目，为社会上需要帮助的人士来博物馆参观提供方便。每一个博物馆，因为其发展宗旨和展览策略不同，他们的免费项目也各有差异。比如，安大略省美术馆（Art Gallery of Ontario）2019年初宣布对25岁以下的人士全部免费。也就是说在美术馆中，美术展览的主体参观人群是成年人，年轻人则十分稀少，所以希望通过免费项目来吸引千禧一代的兴趣。

ROM有一个非常成功的免费项目，叫作ROMCAN（即ROM Community Accessibility Network）。这个项目集合了多伦多市和附近地区的一百多个NGO社区团体，每年由ROM为他们的公益活动提供10万张免费门票。ROM和这些NGO团体合作来帮助以下十类社会群体：

- 贫困人士（persons living in poverty）

- 问题少年（underserved youth）

- 学生（students）

- 残障和聋哑人士（persons with disabilities and the deaf community）

- 重疾儿童（children with serious medical condition）

- 精神智障人士和戒瘾人士（persons with lived experiences of mental

health and/or addictions)

- 新移民（newcomers）

- 求助妇女（woman in need）

- 需要关怀的老人（senior at risk）

- 原住民人士（indigenous peoples）

许多NGO组织一直致力于配合政府和公共机构去帮助这些弱势群体，他们也需要政府和像ROM这样的文化机构提供支持以便策划更多更好的活动。ROM也很希望能够帮助上述群体，但是并没有相关的资源和人力去落实，所以和这些NGO组织的合作就是"强强合作"。ROM的这个项目2015年开始启动，开始只有30多个组织。两年以后，这个项目已经发展到了57个，目标是和100个NGO合作。五年以后的董事会上，我听到这个项目已经和117个组织合作了，并还在继续发展。ROM通过这些NGO发放免费门票，让NGO组织相应的活动，邀请社会上需要帮助的人士进入博物馆。数据表示，仅在2018年一年内就有7.5万名相关人士免费来ROM参观。

2019年初，通过朋友介绍，我接到一个华裔同胞的电话，她说他们的NGO主要帮助在大多伦多地区的中国留学生和移民老人的精神抑郁问题，希望和我商量一下，能不能和博物馆合作来帮助他们做一些活动，希望博物馆可以为他们的活动提供一些免费门票。我帮助他们接洽我们的ROMCAN项目组。我非常开心，因为我的确看到过一些中国的留学生因为学习和生活的压力而产生了一定的精神问题，如果ROM能为此出一份力，自然是最好不过了。

ROMCAN项目的成功也得到政府和社会团体的积极回应。在此基础上，ROM今年又开始了一个新的尝试，叫作"ROM社会药方"项目（ROM Social Prescription Pilot）。近年来，健康心理学的发展让政府和社会逐渐认识到，艺术和文化的欣赏与创作对治疗有极大的帮助，而ROM恰好可以为政府和社会提供用于治疗的艺术和文化甚至自然世界的"无限"资源。所以，我们的目标是，通过和ROMCAN项目合作的NGO伙伴去寻找那些涉及医疗卫生和健康的团体，联合加拿大的健康组织联盟，启动用艺术文化的欣赏和创作来治疗心理健康的活动。ROM每年为这个项目提供5000张免费套票（pass），每张套票可以允许四位参观者参观。所以每年也会有多达2万名的观众，都是通过艺术和文化的"社会药方"来博物馆配合治疗的人士。

当然，像ROM这样的博物馆也不能单单强调自己对以上弱势群体和需要帮助的人士的关怀，我们也需要不作甄别地、平等地对待各界人士对免费参观的期待和热情。除了博物馆周二整天对大专院校的学生免费开放外，ROM也选择了每月第三个周一的晚上面向社会全方位开放，而且提供免费的展厅讲解。周一晚上的免费开放时间也是博物馆和社区各类团体配合举办活动的时间。ROM欢迎社区团体在博物馆举办他们自己的会议、讨论和交流项目等。总之，免费是ROM的一种态度，和社区的关联与合作才是ROM的目的。

所以说，收门票的博物馆并不是不"免费"。俗话说，好钢用在刀刃上，博物馆的免费也一定要发挥它的作用。对传统的博物馆观众来说，付费成为会员以享受博物馆的会员福利，是因为他们心甘情愿地支持博物馆并为此感到自豪。

免费的博物馆自然也不愿意看到"蹭空调"的喧哗人群去干扰其他博物馆观众的欣赏和学习。ROM曾经尝试过在每周三全面免费开放，但是没过多久就发现，在那天博物馆基本上被旅行社的大巴包围了。一些旅行社特意安排周三的参观活动，但仍然从游客那里收取正常的门票费用。ROM自然不能容忍和助长这种违背道德准则的行为。在取得合理数据之后，经董事会批准，取消了周三的免费开放。也是因为这个决定，开启了ROM至今为止依然火爆的"周五激情夜"夜场开放活动。

一份姗姗来迟的道歉

2016年11月9日晚上，在博物馆的五楼水晶厅，ROM的馆长面对来自非洲加纳、加拿大各地包括多伦多地区的70多位非裔代表，慎重地为博物馆27

年前举办的一个伤害了非洲原住民和非裔加拿大人的展览做出道歉[1]。道歉原文如下：

> 皇家安大略博物馆策划了"走进非洲的腹地"（Into the Heart of Africa）展览，该展览于1989年11月开幕。展览原本的目的在于批判性地检视从非洲收集来的藏品中带有的殖民预设。
>
> 展览中的图片和文字表现了当时藏品收集者的种族歧视态度，因此也客观上复制了殖民主义、种族主义和欧洲中心主义的观点，致使展览营造出了种族主义氛围，实际上是在为种族歧视背书。
>
> ROM对于参与建构种族歧视深感遗憾，并对于展览对非洲裔加拿大人造成的痛苦正式道歉。

事情发生在1989年。这个展览展出了百余件馆藏的非洲手工艺品。这些藏品大多是十九世纪末二十世纪初加拿大军人和传教士在非洲通过购买和赠送等方式获得的。虽然策划展览的初衷并非是宣扬种族主义，但展览内容还是体现出藏品收集者的种族歧视思想。博物馆的策展人在当时的语境下也带有文化偏见的态度，展示说明里出现了"野蛮人"（barbarous people）、"野蛮习俗"（savage customs）等词语，还有一些有辱非洲人人格的照片。例如英国军人用剑刺穿一个祖鲁战士的胸膛、一群非洲妇女在白人的监督下跪在地上洗衣服，这些内容都被认为支持了殖民与欧洲中心思想，是对非洲人的歧视。

随后，人们开始聚集在ROM门口，举行了一系列反殖民主义和反种族主义的抗议，要求ROM道歉。抗议活动越来越激烈，最后引发了警民冲突，不少非裔加拿大人在抗争中失去理智，最后进入监狱。受到伤害的亲人朋友悲痛欲绝，因此成立了"争取非洲真相联盟"（Coalition For the Truth about Africa, 简称CFTA），决心与博物馆抗争到底。

---

1 加拿大《多伦多星报》（Toronto Star）对ROM道歉的长篇报道：https://www.thestar.com/news/gta/2016/11/09/rom-apologizes-for-racist-1989-african-exhibit.html.

在当时的情况下，博物馆选择了回避事实并为展览进行辩护，不同意道歉。策展人认为展览并未传递种族歧视思想，其目的只是检视十九世纪加拿大人在非洲的欧洲殖民地所扮演的角色，同时展现非洲文化艺术的多样性。但是受到多伦多抗议的影响，原本在其他博物馆的巡展计划最后还是取消了。之后CFTA联盟和其他反种族歧视的团体开始了和博物馆马拉松式的谈判和争辩。

记得在2015年，我亲自参与了和CFTA联盟等团体代表的高层会谈，那个时候双方已经谈得相当愉快了。双方打破隔阂的谈判，关键在于博物馆的两个人物：一个是2013年入职的非洲艺术和文化curator西尔维娅·福尔尼（Silvia Forni）博士，她是来自意大利的人类学家，长期在非洲加纳开展民俗学研究和征集非洲当代艺术；另外一位是博物馆观众体验部主任谢里尔·布莱克曼（Cheryl Blackman），她是非裔加拿大人。她们两个人在飞速变化的社会意识下，重新审视了博物馆过去针对有争议展览的态度和诠释。她们向博物馆上层提出的开启积极的建设性对话的提议得到博物馆高层的重视，从而开启了积极的对话机制。

接下来，作为博物馆的非洲艺术和文化研究员与策展人西尔维娅开展了一项名为"Of Africa"的项目。从题目上看，就是"非洲的"任何事都应该包括任何观点和声音。这个项目就是在博物馆的藏品研究、展示和教育活动中为不同的视角、不同的观点、不同的看法提供多层次的平台。这个项目的主要目的就是通过西尔维娅从事的非洲文化研究以及策划的一系列相关的展览，向过去对博物馆非洲藏品的殖民历史的单一主导诠释发出质疑，并邀请不同的、可以代表非洲文化的社区和团体来到博物馆讨论相关问题。一系列的讲座和工作坊得到了社会的关注，让CFTA联盟的成员感到ROM主动改变态度的诚意。

最后，水到渠成。在道歉仪式上，博物馆承诺未来五年将做出一系列项目，改善与非洲裔加拿大人群体的关系，包括让两名非裔青年到馆实习，策划更多关注非洲人以及移民主题的展览与活动等。虽然ROM的道歉迟到了27年，但是博物馆为道歉所做的努力和为社区做出的行动，要比一个书面上的道歉有意义得多。

作为答复，CFTA联盟的负责人罗斯唐·里科·约翰（Rostant Rico John）表示，正式接受ROM的道歉，并赞扬博物馆纠正错误的努力。他说，希望我们的群体了解，ROM并没有回避问题、隐瞒问题，而是勇敢面对，与我们一同合作解决问题。这番话，正是ROM承担社会责任的一个见证。

前文已经提到，殖民时代入藏的博物馆藏品，需要我们重新审视这样的问题：谁对殖民文化具有话语权？博物馆如何能够真实地进行阐释？2018年11月6日，弘博网推送了一篇题为《"他者"话语权下，博物馆也可被视为"危险之地"》的文章[1]。文章叙述了新西兰国家博物馆在展示原住民——毛利人的过去、现在和未来时所遇到的挑战。新西兰国家博物馆的毛利人教育团队负责人凯恩斯（Puawai Cairns）分享自身经验，提出为了成为"非殖民化的档案馆"，博物馆如何学会说出他们所拥有的真相？所以他认为博物馆是个危险之地，掌握着事物的命名权，且具有巨大的权力去界定和限制知识。种种的一切对于处于边缘化的原住民来说，可能会抹除他们自身对历史的叙述，并使他们无法继续发声。

所以，今天的博物馆，特别是欧美博物馆走向社会之路的最重要的一个里程碑就是"去殖民化"。"去殖民化"的第一步就是需要严格审视在博物馆展示的说明牌中遗留下的痕迹，比如不能再有"印第安人""黑人"等殖民时代的词语，正确的词汇是"原住民"和"非裔加拿大人"。曾经有原住民观众就ROM早期加拿大文化中的一个说明牌对博物馆提出抗议，指出说明中暗示是白人发现了美洲，觉得这说法是对原住民的侮辱。不少博物馆早年对藏品部门的命名本身也带有殖民色彩，比如，在ROM，我们曾经有"远东部"（Far East）、"新大陆考古部"（New World Archaeology）、"民俗部"（Ethnology），都属于这个范围，修改后的名字应该是：东亚部、美洲考古部和原住民文化部。别看这好像是一件小事，如果博物馆不重视这点名称上的"小事"，一个展览或一个项目都会让博物馆深陷困境。2019年3月底，一个来自芝加哥艺术博物馆的消息震

1　原文见：http://www.hongbowang.net/news/yj/2018-11-06/10726.html.

惊了博物馆界。该馆宣布原计划五月开展的一个原住民艺术文化展览将无限期推迟[1]。按照常理，在名称等问题上他们并没有犯错误，但致命的是，这个展览的筹划过程中缺少了和原住民代表与相关社团的咨询和讨论，因此，这个展览只是表达了以博物馆为主导的单一声音。这在二十一世纪博物馆中是不再允许发生的。

认识到欧美博物馆"去殖民化"的社会责任，对国内博物馆的发展也是极为重要的。虽然中国博物馆中没有十九世纪和二十世纪初殖民时代的藏品，但是如今的博物馆在引进西方博物馆的相关展览时，对他们的诠释和中文翻译也需要考虑到社会影响。这不由得联想到几年前，因国内某大型博物馆举办了一个题为"相由心生·面孔"的摄影展所引起的外交纷争。中国的摄影师走出国门来到非洲，虽然带回来的是一张张精美的照片，但是策展人和艺术家对非洲文化和风土人情的表述被质疑带有殖民倾向的角度，非裔同胞对该博物馆的抗议在本质上和30年前对ROM的抗议是一致的。

所以，这就是为什么博物馆的社会之路任重而道远。开放和强大后的中国博物馆更需要从欧美博物馆的失败与教训中得到启发，规避风险。其实，道歉不可怕，博物馆完全可以利用这样的机会为公众的声音提供交流的平台，而不是一味想着如何"删帖"。ROM的实例充分说明了这样一个事实：为了道歉，博物馆可以为社会、为公众做得更多，做得更好。当然，ROM的道歉的确是"姗姗来迟"了。

文身、第三性与证据房间

"文身"（Tattoo）、"第三性"（the Third Gender）和"证据房间"（the Evidence Room）是ROM在2016—2018年之间推出的三个中等规模的特

1　报道见《芝加哥论坛报》：https://www.chicagotribune.com/entertainment/museums/ct-ent-art-institute-postpones-native-american-pottery-exhibition-0402-story.html.

展。其中"第三性"是ROM的原创展览，"证据房间"是ROM和滑铁卢大学（University of Waterloo）的合作展览，而"文身"是从法国巴黎的当代艺术博物馆引进的展览。

这三个展览在策划的时候，本意都是尝试让博物馆去和社会热点问题发生碰撞、点燃火花并产生影响。一开始博物馆并没有指望它们能够获得票房，也不能保证社区中不同的群体对这类展览的反应都是正面的。但结果是，这三个展览都受到了观众和媒体的热捧，特别是引起了那些非传统的博物馆观众的强烈关注。"原来博物馆还可以这样做展览！"这是博物馆给他们留下的最深感触。

"文身：礼仪、身份、执着和艺术"（Tattoos: Ritual. Identity. Obsession. Art）展览讲述了5000年来描绘在人类身体上的移动艺术史。展览通过不同文化和不同时期的文身艺术表现，呈现出从东南亚原住民到新世纪千禧一代对文身的创作、使用和解释。策展人希望表达这种"特异"艺术形式背后的含义。文身代表了一个时代、一个文化、一个群体对艺术的见解：这就是礼仪的发生、身份的认同和执着的心态[1]。

虽然在生活中文身的艺术受到一部分人们的尊重和喜爱（特别是进入到二十一世纪以来），但是在传统观念里，文身常常与野蛮、黑帮、街头文化相关。在引进展览的前两年，博物馆做了一个有关展览提案的观众调查[2]。"文身"展和其他五个展览主题一起，让观众通过投票的方式选出他们愿意观看的展览。不出所料，调查结果表明，"文身"展览是六个展览中最不受欢迎的那个。然而，ROM的决策团队还是决定在2016年推出"文身"展，其中的原因也是来自同一份调查。"文身"主题展览的观众调查提供了如下的信息：

- 愿意来参观"文身"展览的观众主要是18～34岁的年轻人，而他们中间大多数人基本上成年之后没有再来过博物馆；

1　展览图文介绍见博物馆官网：https://www.rom.on.ca/en/exhibitions-galleries/exhibitions/tattoos-ritual-identity-obsession-art.

2　沈辰、赵星宇：《博物馆展览提案的观众调查分析：目的与实践》，《博物院》2017年第5期（总第5期）。

- 愿意来参观"文身"展览的观众几乎有一半来自大多伦多地区及周边地区；

- 愿意来参观"文身"展览的观众有三分之一的人群是新移民。

- "文身"展览可以将博物馆从以"传统观众"为主的展览转变为"活跃观众"为主的展览。

事实上，这几个点正是ROM当前举办展览中需要突破的障碍。几年来，ROM一直寻求新兴类别的展览与公众活动，来试图吸引年轻的、不常参观博物馆的、社交活跃型的（比如自拍发微信朋友圈和脸书）观众，而"文身"这样的展览恰好符合他们的"胃口"。因此，ROM判断，这个展览符合博物馆现阶段的展览策略。事实上，最终的结果表明，这个通俗文化展览吸引了11万6千人次观众，比展前预计的观众数量还要多出17%，其中还有很多观众的确是第一次来博物馆参观。

在展览进行的过程中，ROM策展团队还积极和当代文身艺术家合作。让他们的艺术创作能够登上博物馆这个传统意义上的"大雅之堂"，并得到观众的欣赏。

博物馆走向社会之路，不仅要和观众进行沟通，更需要和当代艺术家互动。之外，博物馆也可以关注学术界对历史问题与社会问题的新诠释，并联合创作出新的展览。"证据房间"就是这样的一个实例[1]。

被誉为"加拿大MIT"的滑铁卢大学有一个著名的建筑学院，其中有一位著名的教授——冯·佩尔特（Robert Jan van Pelt）博士。他早年毕业于荷兰莱顿大学，在学术成就上曾获得过"古根汉姆奖"。他之所以享誉学术界，是因为他常年孜孜不倦地研究纳粹对犹太人的大屠杀和奥斯维辛集中营。他和

---

1 展览图文介绍见博物馆官网：https://www.rom.on.ca/en/exhibitions-galleries/exhibitions/the-evidence-room-0.

ROM合作策划的这个展览就是对纳粹时期建造奥斯维辛集中营时建筑设计中人性冷酷一面的反思。

通过冯·佩尔特教授的研究，"证据房间"在ROM以原始尺寸复原了当年奥斯维辛集中营中的一个监狱房间。这里展示的建筑设计元素和物质诠释了纳粹德国为了屠杀犹太人而有意识地建造"死亡营地"。这个展览反映了学术界对纳粹大屠杀研究的全新视角，这也是建筑学科中的一个新领域——建筑痕迹学（architectural forensics）第一次在博物馆以实体形式展示出来。

ROM的展览设计将房间全部做成白色，用这种冷色调来反映死亡的残酷。一比一的模型中强调了奥斯维辛集中营里毒气室的三大要素：毒气管道、密封门和机械扳手锁卡。同时展出其他60余件展品，包括有建筑蓝本图纸、建筑合同书、建筑过程中的照片等，都成为对奥斯维辛集中营恐怖历史的无声控诉！

这样有强烈社会责任感的展览必须建立在夯实的学术研究上，如果没有这样的研究背景，任何一个博物馆策展人都做不出如此的深度。"证据房间"展览得到了建筑、历史文化、技术史、人类学、法律和人权等综合知识的支持。

建筑实体展在博物馆展览中并不稀奇，博物馆展览对纳粹德国历史的反思也有不少。但是把这两者结合起来，以一个建设学科中的研究新领域为基础策划出来的展览则不多。这个展览刺激了当今社会去重新回顾70多年前人类历史的那段黑暗时刻，让今天的我们重新认识到为了图谋霸权而试图垄断世界的反人类罪行，同时提醒我们的政府和社会力量，要警惕新的经济霸权主义，警惕由此引发的社会动乱潜在的危险。这也是博物馆可以做到的和应该尽到的社会责任。

ROM原创的"第三性：日本江户时代美少年"展览以馆藏的100多张日本江户时代的版画为主要展品，表现了日本历史上的性取向文化在社会生活中起到的独特作用。展览介绍了日本历史上对男性和女性之外的"第三性"的开放和认同态度。这个展览内容在第三章有所介绍，本章中再次讨论这个展览，是想说明这个涉及敏感话题的展览对社会造成的正能量是预先没有估计到的。

2015年我录取了一个日本艺术和文化的博士后，在ROM的东亚部做研究。阿佐藤秋子（Asato Akiko）博士毕业于加拿大英属哥伦比亚大学东亚系，研究领域是日本明治战争时代的艺术。入馆的两年博士后研究，我要求她就馆藏日本文物提出一个展览计划。因为她的博士导师乔舒亚·莫斯托（Joshua Mostow）教授是毕生研究日本性文化的著名学者，所以他们两个人在一顿午餐后，回来将这个想法告诉了我。我非常赞赏这个观点，原本只是想让阿佐藤秋子做一个小型的展览实习一下，但是这个创意让我改变了主意，我让她按照博物馆展览提案的申请程序向博物馆提交展览提案。加上我在博物馆会议上做了多次推动，最终决策团队还是"小心翼翼"地同意了。

在策展前期，我们真诚地和日本社区团体接洽，并咨询了他们的看法。这也是博物馆在涉及文化敏感性（cultural sensitivity）时所需要考虑到的问题。就这个展览主题，我们还受邀到日本驻多伦多总领事官邸进行晚餐交流。出乎我们意料的是，日本社团，包括日本政府的代表机构，如日本基金会（Japan Foundation）和日本协会（Japan Society），都对ROM的这个提案表示十分支持和尊重。不仅为我们提供了不少建议和参考意见，还帮助我们宣传。远在纽约的日本协会总部的博物馆更是在第二年就引进了该展览（详见第三章）（图6.4）。

图6.4：ROM"第三性：日本江户时代美少年"原创展览的展出现场（Lance McMillan拍摄）

但是，该展览真正对社会产生正能量影响的并不局限于日本社团的支持，而是来自LGBT社团[1]的积极响应和配合。多伦多是一个多元性别文化的城市，相信每个到多伦多

1　根据百度百科的定义：LGBT是女同性恋者（Lesbians）、男同性恋者（Gays）、双性恋者（Bisexuals）与跨性别者（Transgender）的英文首字母缩略字。二十世纪九十年代，由于"同性恋社群"一词无法完整体现相关群体，"LGBT"便应运而生，并逐渐普及。

图6.5: "第三性"展览的观众自愿表达他们性别身份的展板。如果观众愿意, 他们可以从小盒子中选择代表他们性别的颜色圆片, 然后放入右边的玻璃墙缝隙中。从这个"彩虹墙"上可以看到, 人类社会是多元文化多层次人群组成的 (Lance McMillan拍摄) 。

来旅游和定居的中国人，开始都会对每年一次的"彩虹节"大游行感到震撼，然后慢慢地从理解到接受。ROM的"第三性"展览在多伦多"彩虹节"前后展出，对大多伦多地区所有的LGBT社团也产生了相应的震撼。我在多个场合中听到他们说，他们怎么也没有想到ROM居然从历史和多元文化的角度，让多元性别文化这个敏感话题在博物馆的平台上公开讨论。一时间，相关社团主动和博物馆联系，开展了一系列活动。多伦多市中心的重要文化机构为他们的权益而发声，这使他们感到自豪和感谢。特别是多伦多大学社会学系的多元性别文化研究中心，连同ROM共同举办了一场高规格的研讨会，这也成了当年LGBT社团中最为高大上的"一个节目"。

和这些社区的沟通与交流，让我们的策展团队在展览的最后部分增加了一个重要的互动环节。在这个部分中，我们不仅仅将历史时期的文化视角带进当代社会，也希望让观众发出自己的声音。展览留下了无数的留言，这些留言条都被多伦多大学多元性别文化研究中心采集去作为研究数据了。最有意思的是一个性别身份玻璃墙。我们的设计师用玻璃板在墙体上作了一个不到一英寸空间的墙缝，同时制作了不同颜色的小圆片。每个颜色代表一种性别身份，观众可以默默地将代表自己性别身份的小圆片放进玻璃墙中。

当我在展厅里看到变化中的玻璃墙时，看到那五颜六色代表不同性别身份的小圆片时，突发一种感叹：原来，这就是"彩虹"的样子（图6.5）。这个展览也让我的朋友们知道"彩虹"原来就在那里，不管你接受不接受，不管你承认不承认，雨后总会见"彩虹"。

开放与包容：当代博物馆的精神

上面举例的三个展览，不管是针对哪个社团、哪个群体，也不管是和哪个艺术家合作，抑或是和学术界合作，他们都作为博物馆的展览而出现在公众面前，并交由观众们评判。这需要的是博物馆决策团队的勇气，也体现了博物馆的开放与包容。

本书前面提到，博物馆的发展首先需要建立博物馆文化的精神。如果说十八到十九世纪的博物馆跳出了皇室贵族和精英文化的禁锢，那二十世纪博

图6.6：2019年初ROM推出"日裔加拿大人——破损世界的反思"（Being Japanese Canadian: Reflections on a Broken World）。这个展览展示了当代日裔加拿大艺术家对于第二次世界大战期间加拿大政府不公平地扣押日裔加拿大人事件的反应。由于种族歧视，这一时期的日裔加拿大人被剥夺了以加拿大为家的权利。加拿大政府于1988年承认了在此次事件中的过失。在ROM加拿大展厅里，艺术家的作品与历史文物和文件交错放在一起，反映了个人对这段加拿大历史不公事件的视角，及此后几代艺术家们在逐渐接受这个事件中迸发出的创作冲动。

在这件作品中，日裔加拿大艺术家莉莉安·美智子·布雷克说道："1942年，有2700名日本人来到艾尔伯特省，作为强制劳工在甜菜地里工作，其中就有我的家人。我妈妈和她的家人一边忍受着非常恶劣的生活条件，一边被迫做苦工。这幅画中带刺的铁丝网既是写实，因为它围在田地的四周；同时也是象征。我的家庭被困其中，从早到晚被奴役了漫长的十年。为了维持生计，我妈妈不得不把面粉袋裁剪成内衣，把蔬菜做成罐头。直到五十岁的时候，我父亲才最终搬到了安大略省。当时他们的钱差点不够买火车票。"

物馆文化的精神就应该是追求真理、普及知识和崇尚教育；而今天二十一世纪博物馆文化的精神就是在这三个内容的基础上，添加了"开放"和"包容"。

博物馆的开放与包容精神，就是要求博物馆在研究藏品、策划展览和计划公众项目时，有勇气去倾听不同的意见，接受非主流的思想，挑战常规的程序（图6.6）。

博物馆的开放，是欢迎更多不同层次不同群体的公众到博物馆来。开放博物馆并不是狭义的免费开放，而免费开放又不能忽略了文化遗产的价值。这里有个例子，在2017年，为了配合加拿大政府庆祝建国150周年，让大众可以更方便地尊重和理解原住民艺术和文化，ROM决定免费开放博物馆一楼靠近入口处的原住民艺术和文化展厅。原本我们认为，免费参观一定能吸引更多的观众欣赏原住民的文化和艺术，但是没有想到的是此举引发了原住民的不满：凭什么我们原住民的东西就可以免费参观，难道我们的艺术就那么"不值钱"不重要吗？后来经过协商，ROM在词汇选择上用"开放"（complimentary）取代了"免费"（free）。其实，原住民群体还是非常乐意有更多的观众可以观赏到他们的传统文化和艺术的，但是在感情上不愿意他们的文化价值被低估。所以说博物馆的开放不是简单的免费，而是要开放机会和原住民团体在展厅里开展一系列合作：我们常常会和原住民部族的首领一起在博物馆展厅中举办他们的宗教仪式活动，也可以将博物馆收藏的具有他们民族象征意义的艺术品来供他们在仪式上使用。这种互动加深了双方的理解。有了这样的理解，博物馆是不是用"免费"参观这个词，其实就不那么重要了。

博物馆的包容，也是欢迎更多不同层次不同群体的公众到博物馆来。但是在这基础上，博物馆需要尊重不同观众群体自己的文化、传统、习惯和宗教信仰。比如，在传统的欧美博物馆中，最开心的是和公众一同欢庆圣诞节，就像在中国的博物馆中过春节一样。每年到十一月底，各大博物馆都开始张灯结彩，装饰圣诞树。博物馆各项活动的祝词也加上了"圣诞快乐"！直到新世纪的某一天，博物馆全体员工收到了馆长的一封电子邮件，说从现在起，博物馆将统一用"节日快乐"代替"圣诞快乐"。现在越来越多的博物馆、学校和企业，特

图6.7: 美国新墨西哥州阿布奎基博物馆（Albuquerque Museum）的展厅。在"分享你的故事"（Share Your Story）的部分中，博物馆邀请观众对着镜头说出自己在新墨西哥州首府阿布奎基市的故事，对后代讲出他们对"阿布奎基精神"的诠释。他们的发言和感受就是博物馆展览的一部分。

别是多元文化地区，大家都用"节日快乐"代替"圣诞快乐"，这反映的正是博物馆是一个包容多元文化和多元宗教信仰的场所（图6.7）。

虽然圣诞节是基督教的节日，也是西方大多数国家的宗教信仰，但是在全球化下，不同信仰的观众都会在轻松欢快的节日里参观博物馆，参加各种节日活动，而不是受到某个单一宗教气氛的影响。其实，在圣诞节刚刚过后的不久，还有犹太教的一些重要节日，以及东亚地区的传统春节。如果你在博物馆的活动中只说"中国新年快乐"（Happy Chinese New Year），就会对来博物馆参观的、同样也过春节的韩国家庭或越南家庭显得不包

容，使他们产生被排斥和被歧视的感觉。所以，慢慢地，我们也要习惯在欧美大型博物馆的场所中听到"农历新年快乐"（Happy Lunar New Year），而不仅仅是"中国新年快乐"了。

改变这样的习惯是需要勇气的。因为在转变中博物馆会面临来自不同群体不同文化的质疑。虽然我们感叹说众口难调，但是真正有意义的是博物馆为了了解有多少口味而做的努力。就像上面说到的，博物馆的道歉不是最终目的，为了实

现道歉而为非裔团体努力去做的展览、项目、教育活动，才更能体现出博物馆的开放与包容精神。

最后，二十一世纪博物馆的开放与包容就是需要去关怀观众的体验。公众来到博物馆不光是为了学习，或许只是想感受一下阳光的灿烂，或者在博物馆门口喝上一杯咖啡，然后邀上亲朋好友，信步到展厅看看。也许他们并不打算在博物馆中花上两三个小时，而是只想在博物馆的休息区里坐一坐，和朋友聊聊天。

现在国内的博物馆越做越大，展厅前有上百公顷的广场和公园。然而，有一些地方基本会在外围设上铁栅栏和门卡，这就将博物馆内的服务设施和景观都"关"在了铁栅栏里，无形中拉远了观众和博物馆的距离。相比之下，正处于反思中的欧美博物馆，更愿意去考虑如何把收票区的入口尽可能地安排在展厅更深处的内部，好让公众能享有更大一点的非收票空间。例如，在博物馆下季度的改造中，ROM就把增加场馆内非收票公共区的面积作为首要目标。我们知道博物馆有办公区（包括库房）和参观区之分。对于ROM来说，参观区是属于门票空间。我们希望，观众有机会走进博物馆，在非收票公共区体验博物馆，而不是直接买票进展厅。

所以，作为二十一世纪博物馆的ROM，除了前面提到的那些理念之外，在形式上就要打造一个大面积免费的"公众活动区"。在那里，可以体验博物馆的艺术和文化的氛围，可以在博物馆的艺术气息下（如藏品橱柜和展览信息）喝咖啡、用餐、购物、听讲座、看数字藏品和与艺术家见面等等，让观众不再过多地考虑门票而有博物馆文化的体验。我们在讨论这些方案的时候，常常开玩笑地说：如果你经常选择在这里喝咖啡和用餐，我就不信你能抵御展览和艺术的诱惑！这样的第三区——公众活动区可以让那些收门票的博物馆容纳更多不同需求的观众，并为他们提供更好的体验，或者说，不同的体验。例如，对于那些五点以后下了班的职场人士，就算那时候博物馆的展厅已经关闭，他们仍然可以选择来到博物馆用餐和购物，或者在博物馆内的休闲区中感受艺术，体验一下和大商场中的用餐和购物不一样的文化。

我一直忘不了这样一件事。某年夏天下午四点半，我来到国内某个大博物馆的铁栅栏前，准备应邀在5点左右和该博物馆的领导见面。而此时，博物馆的铁栅栏门卡已经关闭了，门口还有一大群人没有来得及进去。其中，我听到几个人急匆匆地对保安喊："求求你让我们进去吧，网上说博物馆五点才关门，现在才四点半。我们刚刚下了火车，一路堵车直接到这里。我们就进去快快地看一眼。"但是保安坚持执行博物馆4点30不让入场的规定。这时保安接到了办公室的电话，打开了铁栅栏的一条缝，让我一个人进去了。

似乎是八月份，虽然已经是四点半，但是太阳依旧斜挂在天空上，照在身上时还是那么的炎热。我一个人孤零零走在通向展厅和办公区空旷的广场上，真的能感觉到背后有众多无奈、失望、委屈的眼光盯着我，我的心中有了一阵莫名的酸楚。

现在，我时时也能感受到同样的酸楚，因为虽然我现在写了这么多，讲了这么多，我发现单单我一个人，还是帮助不了那些带着失望眼神的博物馆观众。但是我相信所有博物馆人一起努力，向着一个共同的目标，一定能！

走出困境：疫情下的博物馆

这本书出版至今只两年多时间，谁都没有料到我们的工作和生活竟发生了如此大的变化。2020年初的一场新型冠状病毒肺炎（COVID-19病毒，以下简称"新冠"）疫情席卷世界，估计还需较长一段时间，全球才能全面恢复疫情前的常态，毋庸置疑，这是一场"持久战"。在这前后两年多的时间内，各行各业都不同程度地受到了冲击和影响，博物馆也不例外。

面对突如其来的疫情，博物馆既要迅速应对突发事件带来的困扰，也要消解原来隐含的危机加剧显现的趋势。面临的困境主要体现在三个层面。第一层面是应急（mitigation），即博物馆如何在疫情期间调整工作预案，继续为公众提供博物馆参与体验；第二层面是恢复（recovery），即如何在博物馆重新开放后满足公众对博物馆的期待，增加公众对博物馆的信心；

第三层面是提升（evolution），即博物馆在后疫情时代如何能够走出困境，持续上升性发展。

疫情之下，加拿大各博物馆的现状和其他欧美博物馆的情况基本一致，借用弘博网一篇文章的题目就是《博物馆开而复关》。很多加拿大的博物馆已经经历了两次甚至三次的关闭，ROM于2020年3月16号第一次闭馆，2020年7月9号有限度开馆。2020年底随着第二波疫情的肆虐，加拿大有更多省市地区沦陷，更大范围的博物馆闭馆潮再次发生，ROM也再次闭馆。到2021年10月，在某些重灾区，博物馆仍然继续关闭。

博物馆的闭馆不是将展厅大门关闭那么简单，对于依赖门票收入的大多数欧美博物馆来说，将观众拒之门外直接导致财政上的急速缩水；原定计划的展览和项目不得不取消或不定期延迟，进一步引发了相关财务危机，使得本不宽裕的博物馆财政雪上加霜。面对这一情况，欧美大多数博物馆几乎无一例外地选择了"断臂求生"——博物馆员工停薪留职或减时减薪，以应急补救预算缺口。由此引发的岗位职责的调整，自然也成为博物馆面临的首要挑战。换句话说，博物馆在财政支持缺乏和人员减少的前提下，如何完成因为疫情而没有完成的工作，以及如何处理好疫情带来的额外的工作，做"无米之炊"的"巧妇"，检验着博物馆人的智慧。

事实上，疫情中的博物馆现状其实并不是简单的"开而复关，关而重开"，它的整体运行和规划都是在远程工作状态下持续进行的。

闭馆带来的最大影响是面向公众的展厅的关闭。博物馆是对实体艺术、自然生态的实景展示与体验场所，如何将博物馆的展览和活动从线下切换到线上，可能是过去一年来全球博物馆都在为之努力的工作。这方面，以ROM为代表的加拿大博物馆在硬件的支持程度上还远远落后于国内。毕竟，欧美博物馆有一批传统博物馆的支持者，他们一直热衷于到博物馆熙熙攘攘的人流中排队购票入场，民众也习惯于看到早上博物馆门口在巨幅热展广告下等候开门的长龙。但一场疫情改变了这一传统，仿佛一夜之间，博物馆突然意识到原来已有的网上订票系统简直就是鸡肋，甚至说只是一个摆设，根本不能解决现实问题；再有，传统观众突然改变习惯、转而追求线上参观体验的时候，博物馆又意识到，目前提供的线上展览和活动，其实还是小儿科，远远满足不了处在饥饿状态的观众需求。现实告诉我们，应急措施远远跟不上公众的期待——当然博物馆也不能仅仅为了疫情闭馆去开展一个又一个的线上参观体验活动。

目前已有的线上展览大多是对线下展览的二次元复制或3D实景呈现，实践证明这样的投入对博物馆来说却是事倍功半。缺少了场景感，缺少了站在真实文物面前的代入感，会使公众的博物馆体验大打折扣。对博物馆观众，尤其是希望亲眼领略博物馆风采的传统观众来说，线上展览其实是没有吸引力的。但在公众开始接受线上体验的时候，博物馆需要做的不是一比一复制实景或打造线下线上一致的场景，而是应该思考如何在后疫情时代的恢复和提升阶段中，让线上参观体验成为线下展览不可缺少的有机环节，从而成为立体化的博物馆体验。

据统计，公众对ROM线上藏品数据库的兴趣远比对线上展览和活动的兴趣大得多：疫情期间线上藏品的访问流量同比提高了150%～200%。后台数据也表明，对线上藏品数据库的访问大多来自教育系统的观众，他们通过藏品数据库网页发来的信息咨询邮件一时间大大增加。ROM给多伦多地区各个中小学提供的线上视频网课也全部订满。这一变化提示我们，要集中讨论如何提供更多、更翔实、更便利的藏品信息，以供全球上网课的师生充分利用。因此，调整工作重点也成为博物馆走出困境的一个关键部署。

所以说，博物馆要走出疫情带来的困境，不仅仅是用钱、用物铺垫出一个个短时效的应急措施，而更应着眼于如何把握后疫情时代博物馆公众脉搏这一问题，系统地、持续地对博物馆进行调整，制订使其适应社会发展的对策。

走出困境，不仅仅是博物馆要在缺乏人力、物力、资源的情况下做得更多更好，满足公众日渐迫切的期待；更是要在由疫情而带来的可能的发展机遇下，博物馆为如何长远发展做好准备。

目前疫情带给博物馆的最终影响还是个未知数，因此要准确把握后疫情时代博物馆公众的脉搏还为时尚早。但是在对策上，博物馆要未雨绸缪。比如早在第一次闭馆时期（2020年3至6月），ROM便选择了"双轨制"（two-tracks strategy）的发展道路：一条轨道是调整和恢复，另一条轨道是发展和提升；前一条轨道要求博物馆开源节流，后一条轨道让博物馆解放思想，大胆创新。通俗说就是，一条轨道让博物馆对裁员减薪提供合情的理由，另一条轨道让博物馆对硬件软件的资金投入给出合理的解释。ROM的双轨制策略，其实就是希望在2020—2021年里所做的一切，不再是临时性的应急措施，而是在有规划、有目的地深入实现2018年提出的"打造'以人为本''以观众为中心'的二十一世纪博物馆"的宗旨和理念。

疫情让我们在尘俗喧嚣的世界里不得不稍微停一停脚步，但是也可以借此静一静心。虽然原有的展览规划必须推倒重来，但是我们不也是可以利用这一时机回到原点重新开始吗？ROM的双轨制策略让董事会对博物馆高层决策部门的人事调整进行审批，特别是在展览规划、研究策略、数字藏品、学习项目等重要部门调整、扩展相关职位，甚至高薪招聘管理人员，这似乎和减员增效背道而驰，但这是博物馆可持续性发展的阵痛和魄力，也是危机中孕育的新生机。

在双轨制对策下，ROM要求长期远程（居家）工作的在职人员，特别是肩负重责的研究、策展人员，在征集文物、展览提案、线上活动方面各司其职，比以往投入更多的精力和时间，工作强度有增无减，也迅速在短期内产生了效果，ROM在全球征集的疫情口罩已成规模，消息报道遍及中东地区的阿拉伯国家电视台；ROM的考古学家及时出书讨论了古代文明地区历史上对"平权"抗争的考古证据，引起社区的强烈关注；ROM的恐龙古化石研究小组专家发现的"恐龙癌症"研究成果登上了《纽约时报》的头版……

2020年欧美博物馆面临的另一挑战就是全社会反系统性歧视的平权运动。这一年，对美国来说绝对是不平凡的一年，因总统大选而产生的泛政治化角逐对博物馆应对疫情的政策和运作也产生了深远影响。2021年3月初，共和党人把持的德克萨斯州和密西西比州在新冠确诊病例不见明显好转的情况下，宣布全州全面开放并取消口罩禁令；与之相对，德州的五大艺术博物馆同时宣布严格执行社交距离并要求戴口罩参观的条例。"平权与包容"（equity and inclusion）逐渐成为博物馆改善工作环境、提升自身影响力的工作重点。

总之，博物馆在闭馆期间的成果给公众释放了一个信号：疫情之后博物馆不但不会消失，反而会越来越好，也增强了观众对博物馆的期待和信心。

对博物馆有信心的公众才会在博物馆最困难的时候施予援手，欧美博物馆在疫情期间得到的社会馈赠不比之前少，比如此前美国大都会博物馆得到2500万美元的馈赠款项用于其填补财政缺口。ROM在疫情期间成功地获得了三个冠名curatorship的研究职位，其款项仅用于支付该职位的研究人员年薪，这成为后疫情时代博物馆持续性节省行政开销用于业务发展的名副其实的"开源节流"之举。

截至2021年10月，ROM前后闭馆已有十八个月，全体职工连续远程工作已有一年多。2020年3月中旬多伦多刚刚宣布全城封城闭馆的时候，博物馆的确显得手足无措、章法凌乱，耗时数个星期才慢慢调整过来。但11月底的第二次闭馆前夕，ROM则显得从容不迫，所有事务有条不紊，所有岗位无缝对接、有序轮替。对博物馆会员和观众来说，暂时不去博物馆是他们遵循省府居家令的一部分，而不会对博物馆关闭产生误解和抱怨。第二次的博物馆关闭，反而使观众对博物馆的云上体验倍增期待。

疫情前，欧美博物馆已经开始了从以"藏品立本"为宗旨向"以观众为中心"的治馆理念的转型，疫情给博物馆带来的挑战和机遇更是让博物馆明确了这一变化的不可逆性。可以说，疫情并没有让博物馆因为关闭而与观众相分离；相反，它让博物馆更加明确了解了观众对博物馆的新需求和新期待。经历了疫情，博物馆与观众的关系将以一系列全新的方式来维系。如何达到这个目标，就是博物馆目前需要进一步探索和实践的。比如，ROM的三个馈赠研究职位之一是"气候变化研究"curator，这是欧美博物馆中为数甚少的、反传统的博物馆curator职位。它不再是建立在藏品名录上的职位，而是一个与民众生活息息相关的研究职位。ROM在疫情期间开创性地宣布设立这个curator职位，并且已经开始在全球招聘，不仅彰显了博物馆对社会焦点的关注，更以实力证明了博物馆对社会发展可以产生的积极作用，其在疫情期间的象征意义远大于实际功能。

总之，疫情下的博物馆不应该仅仅为了对付闭馆而采取短期措施，而应该为了今后的持续性发展做出策略性调整。疫情促使博物馆了解现状，调整对策，走出困境。因为博物馆的前景不是萎缩衰退，而是要继续发扬光大。

中国古语说"祸福相依"，面对疫情的博物馆同样也是祸福并存！

余论：走进"众妙之门"

写到这里的时候，我想该取一个什么样的书名，才能够准确表达现阶段我对当代博物馆的理解？作为一个博物馆人，一边面对的是汇聚着自然、人文、科技……包罗万象的博物馆，一边面对的是需要看到这些藏品的不同年龄、不同教育、不同种族的人们。站在两者之间，博物馆人通过策展、释展工作，试图帮助公众打开博物馆的大门，把他们吸引进来，之前我在《构建博物馆——从藏品立本到公众体验》一文中也对此有所阐述。本书我想断章取义，借用老子《道德经》中的"众妙之门"作为书名，并把我的理解作为小结。

"众妙"顾名思义是众多的妙趣，博物馆包罗万象，不可谓不众。妙则有两层含义：一是指藏品本身，一是在其上承载的文化。实体之妙比较客观，很容易被理解，而对其所做的文化解读则需要在专业研究的基础上进行阐释。在尊重专家和认同权威的前提下，当代博物馆还应该给观众提供与文化艺术对话的平台和多视角的讨论话题，让他们主动参与对展品的理解和诠释。当然这并不是鼓励将博物馆展览变成众说纷纭的"无厘头"。在第四章中提到二十一世纪的博物馆需要接纳不同的声音和观点，不能再自以为是、自说自话地定义和诠释自己博物馆的藏品了。

走进博物馆，"门"是最先的体验。人们走到大门是不是方便，看到大门是否有走进去的欲望，走进门之后的第一体验是不是舒服愉悦，是不是还有向纵深探索的兴趣？为了吸引更多的人走进门，博物馆人在"门"上可以说是煞费苦心。

也许在人们眼里，博物馆在改建工程中增设一扇门或若干个观众入口并不是一件特别了不起的事情。但实际上增设一个"门"势必在人力、物力方面要做持续性的投入，这无疑会给博物馆带来营运成本上的压力，尤其是在西方博物馆财政日益捉襟见肘的情况下，不能不说对门的改建反映着博物馆的理念和决心。我亲历了ROM管理层和董事会为了平衡增加策展设计员工还是增加观众体验部门（含负责观众入口）员工的问题进行过多次激烈的辩论，终于还是一致认同：为了实现二十一世纪博物馆的理念，ROM必须首先把观众的便利和体验放在首位。于是ROM内部克服了各种困难，在2016年圣诞节前，重新开放了因2007年建设新馆而关闭多年的博物馆东门。东门的开放便利了观众，因为它直接与公交地铁站连接，而新馆的北门需要观众从地铁站出来绕道十几分钟。为此，ROM还特别向市政府申请了博物馆第二个官方地址，以便于观众借助导航服务不会偏离。试想一下，如果观众被导航带到博物馆地点，却发现大门还在20分钟步行距离之外的时候，公众此时对博物馆的体验和期待可能会在进入博物馆之前就已经荡然无存。再比如，一个无障碍通道的位置设计，会让观众能切身感受到博物馆是在真正为便民着想还是依照规定必须要做的摆设。

西方当代博物馆随着观念上的改变和管理政策上的转型，在博物馆改建工程中就有把原来只有一扇博物馆观众入口的大门增加到两扇、三扇甚至四扇。最近华盛顿的史密森学会博物馆群的改造工程中把原本只有一个入口的博物馆都增加了不同方位的大门。博物馆增加观众入口不仅仅是体现了"面向观众"的二十一世纪博物馆的象征寓意，更主要的是为普通公众提供参观博物馆的便利和体验。这也是当代博物馆"以人为本"理念的具体化实施。所以说当这实实在在的大门打开的时候，实际上博物馆服务公众理念的大门也同时开启了。

如果不能够让观众走进大门，那么之后关于博物馆的一切工作都将不存在。但是想尽一切办法吸引公众走进大门，其实离我们"当代博物馆"的目标还差得很远，还需要将观众留在博物馆，让他们和博物馆能够交流，所以还需要打开公众和藏品之间的"对话之门"。

公众是多元化的，有人认为博物馆是探究奥秘的地方（exploring the

wonders)，期待到博物馆体验探秘的过程。也有人会犹豫，说博物馆是读书人去的地方，去了也看不懂。如何在展览中寻找到和公众认知上的对等，博物馆人要针对不同层次观众的需求，做好策展和释展。既不能让权威、专业变得高高在上，要让人人都看得懂展览，看懂博物馆，但是也不能低估观众，输送低于观众需求的展览。让不同观众在博物馆中找到他们的所需，当然这并非是指在同一个展览中要完成所有任务。

　　通常一个展览，策展、释展的成功标志在哪里？是恰当的诠释吗，是吸引大量的观众吗，是评展人的叫好吗？无可置疑这些都是考量一个展览是否成功的要素，但是一个展览的成功还有一个重要标志，就是它是否能够给我们的生活带来潜移默化的影响，给人们的精神带来开解和滋养。如果博物馆和我们的生活、和我们的社会没有关联，那么知识就失去了意义，文化就没有了光彩。所以，当博物馆成功地把公众的目光聚焦于展览的时候，公众看到的不应该仅仅是展览中精美的国宝和常规性的解说，学到的也不仅仅是什么文物是精品或什么是最早的文物，还应该通过展览给公众打开通向历史、通向社会、通向世界之门。

　　博物馆可以让观众感受到他们现在的生活与文化遗产之间是息息相关的。走进博物馆的观众可以在这里通过展览和实物进一步体会和理解文化遗产的价值观和伦理观，在历史的大格局中寻找我们今天的位置和意义，也能够理解为什么当代博物馆应该"为明天收藏今天"，让博物馆更好地为社会担负起为未来保护过去的责任。

　　博物馆可以就当代社会所关注的社会问题（如全球化、老龄化、气候问题和种族问题，特别是当下在后疫情时代的挑战等等）为观众提供探讨的平台和视角。观众应该能发现博物馆可以做到更多别的文化机构还不能涉及的民生大计，比如像"ROM社会药方"这类活动（详见第六章），或专门为弱势群体（如病童、孤寡老人等）量身打造的活动。观众来到博物馆参与这些社会活动，可以真正体验到博物馆原来是他们生活中的一部分，是他们在社区活动中不可缺少的一环，而不仅仅是只能看的地方。

在博物馆里公众看到的不应该仅仅是来自世界各地的各式各样的展览，也不是发现自己仅仅在为异国文化叹为观止。博物馆应该让观众认识到全球化下世界文化的趋同和变异。走进博物馆的观众可以放眼世界，深度认识不同艺术和文化在世界历史和社会中的地位和作用。中国博物馆可以尝试用引进西方博物馆的展览来讲好中国的故事，西方观众也一定会愉悦地接受博物馆利用中国文物来讲解世界大历史所作出的努力。

当代博物馆是随着时代的变迁而改变其功能和宗旨的。虽然我们刚刚走过二十一世纪的头一个二十年，但是我们今天打造一个博物馆，无论它建筑有多大、硬件有多新，新的博物馆首先也要具有传统精神，即一个以藏品为核心，以藏品的保护、研究、展示和教育功能为基础的博物馆。不久的将来，二十一世纪的博物馆也会成为传统博物馆。所以，只有我们今天踏踏实实地去做，才能为"未来的当代博物馆"留下一份博物馆遗产。

附录

"博物馆"定义摘要

一 国际博物馆协会定义[1]

1946年

原文：The word 'Museums' includes all collections, open to the public, of artistic, technical, scientific, historical or archaeological material, including zoos and botanical gardens, but excluding libraries, except in so far as they maintain permanent exhibition rooms.

译文："博物馆"一词包含了对公众开放所有的艺术类、技术类、科学类、历史类或考古材料类藏品，包括动物园和植物园在内，但是图书馆除外，除非图书馆拥有常设展厅。

1956年

原文：The word museum here denotes any permanent establishment, administered in the general interest, for the purpose of preserving, studying and enhancing by various means and, in particular, of exhibiting to the public for its delectation and instruction groups of objects and specimens of cultural value: artistic, historic, scientific and technological collections, botanic and zoological gardens and aquariums.

Public libraries and public archival institutions maintaining permanent exhibition rooms shall be considered to be museums.

译文：博物馆一词此处所指的是永久性的、受大众利益监管的设施机构，通过多种方式来实现保存、研究和提高的目的，特别是向公众进行展示，以教导观

---

1 内容源自http://icom.museum/en/.

众并让他们享受物件与标本群的文化价值：艺术的、历史的、科技的藏品，以及植物园、动物园和水族馆。

具有常设展厅的公共图书馆和公共档案馆也被视为博物馆。

1961年

原文：ICOM shall recognize as a museum any permanent institution which conserves and displays, for purposes of study, education and enjoyment, collections of objects of cultural or scientific significance.

译文：ICOM认为，博物馆是一个永久性机构，为了研究、教育和娱乐的目的，对具有重要的文化或科学价值的收藏品进行保护和展示。

1974年

原文：A museum is a non-profit making, permanent institution in the service of society and of its development, and open to the public, which acquires, conserves, researches, communicates, and exhibits, for purposes of study, education and enjoyment, material evidence of man and his environment.

译文：博物馆是一个非营利的、为社会及其发展服务的永久性机构，对公众开放。基于研究、教育和娱乐的目的，去征集、保护、研究、传播、展示人类及其环境的物证。

1989年

原文：A museum is a non-profit making, permanent institution in the service of society and of its development, and open to the public, which acquires, conserves, researches, communicates, and exhibits, for purposes of study, education and enjoyment, material evidence of people and their environment.

译文：博物馆是为社会及其发展服务的非营利的永久机构，并向大众开放。它为研究、教育、欣赏之目的征集、保护、研究、传播并展示人类及人类环境的见证物。

2007 年

原文: A museum is a non-profit, permanent institution in the service of society and its development, open to the public, which acquires, conserves, researches, communicates and exhibits the tangible and intangible heritage of humanity and its environment for the purposes of education, study and enjoyment.

译文: 博物馆是一个为社会及其发展服务的、向公众开放的非营利性常设机构，为教育、研究、欣赏的目的征集、保护、研究、传播并展出人类及人类环境的物质及非物质遗产。

二 中国定义

1956年5月

全国博物馆工作会议中指出：“博物馆是科学研究机关、文化教育机关、物质文化和精神文化遗存或自然标本的主要收藏所，博物馆应为科学研究服务、为广大人民服务。”

1961年11月

文化部文化学院编印《博物馆工作概论》：“博物馆是文物和标本的主要收藏机构，宣传教育机构和科学研究机构，是我国社会主义科学文化事业的重要组成部分。”

1979年6月

《省、市、自治区博物馆工作条例（草案）》重新修改了“三性”：博物馆是文物和标本的主要收藏机构、宣传教育机构和科学研究机构，是我国社会主义科学文化事业的重要组成部分……博物馆通过征集收藏文物、标本，进行科学研究，举办陈列展览，传播历史和科学文化知识，对人民群众进行爱国主义教育和社会主义教育，为提高全民族的科学文化水平，为我国社会主义现代化建设做出贡献。

2005年

文化部颁布《博物馆管理办法》："博物馆是指收藏、保护、研究、展示人类活动和自然环境的见证物，经过文物行政部门审核、相关行政部门批准许可取得法人资格，向公众开放的非营利性社会服务机构。"

2015年3月

《博物馆条例》：本条例所称博物馆，是指以教育、研究和欣赏为目的，收藏、保护并向公众展示人类活动和自然环境的见证物，经登记管理机关依法登记的非营利组织。博物馆包括国有博物馆和非国有博物馆。本条例所称博物馆不包括以普及科学技术为目的的科普场馆。中国人民解放军所属博物馆依照军队有关规定进行管理。

三　其他国家定义[1]

菲律宾

《国家博物馆法》（1998年颁布）

国家博物馆是服务于公众的永久性机构，对公众开放，不以营利为目的。国家博物馆要获取、保存、研究并展示人类及其环境的物质证据，并且以学习、教育和娱乐大众为目的的向公众普及人类活动的知识。国家博物馆最初的职责是获取文件，保存并展示文件，鼓励学者研究学习、鉴赏艺术作品标本和历史文化手工艺品。

韩国

《博物馆和美术馆振兴法》（2010年12月11日生效[法律 第10367号]）

博物馆，是指为致力于发展文化、艺术和学术，增进大众的文化享有，征

1　中共中央宣传部政策法规研究室编《外国文化法律汇编》（第2卷　公共文化服务法律），北京：学习出版社，2015年。

集、管理、典藏、调查、研究、展示和教育有关历史、考古、人类、民俗、艺术、动物、植物、矿物、科学、技术、产业等资料的设施。

美术馆，是指为致力于发展文化艺术，增进大众的文化享有，征集、管理、典藏、调查、研究、展示和教育有关博物馆，尤其是书画、雕刻、工艺、建筑和图片等有关美术资料的设施。

日本

《博物馆法》（1951年12月1日法律第285号，最终修订：2011年12月14日法律第122号）

本法所称博物馆，是指收集、保管（含培育，以下同）、展示历史、艺术、民俗、产业、自然科学等相关资料，在考虑到教育性的情况下，向一般公众开放，为提高国民修养、调查研究、娱乐活动等开展必要的事业，同时对所收集的资料开展调查研究的机构。

以色列

《博物馆法》

展示具有文化价值的收藏品的非营利性机构，定期向公众展出其藏品或部分藏品，展出目的为教育教学，陶冶情操。

阿尔巴尼亚

《博物馆法》（2005年5月4日 第9386号法案）

博物馆是指保存人类记忆和社会发展所记载的有关事件、文献及物品的机构。它们负责研究、管理、保护以及展出藏品，以学习、教育和娱乐为目的，并对公众开放。

奥地利

《联邦博物馆法》（2012年4月24日）

以下被称为联邦博物馆的机构是文化组织，其在一个永久的社会探讨框架内收集、保存委托给它们的有关艺术、技术、自然以及它们研究的科学领域的历史和现代证据，对这些证据进行科学整理，论证，并把它们向更大的公众推广传播。它们是对委托给它们的收藏进行生动和与时俱进的讨论的场所。它们的功效范围根据不同的历史时期和收藏品的特质被划分为不同的博物馆种类。联邦博物馆的功效在于，扩大并保存托付给它们的收藏品，并把收藏品向公众展示，以此唤起公众对社会、艺术、技术、自然和科学现象间的发展和联系的理解。

俄罗斯

《博物馆馆藏与博物馆法》（1996年5月26日联邦法第54号，国家杜马1996年4月24日通过，由联邦法律修改于2003年1月10日、2004年8月22日、2007年6月26日、2008年7月23日、2010年5月8日、2011年2月23日）

博物馆，所有者为了保存、研究和公开展示博物馆的物品和藏品，以及为了达到本法规定的其他目的而创建的非营利性的文化机构。

法国

《法兰西博物馆法》（2002年1月4日 第2002-5号）

根据本法规定，所有由在保存和展示方面均具有公共意义的财产组成的、以丰富公众知识、教育和娱乐生活为目的的经常性收藏被认为是博物馆。

罗马尼亚

《博物馆及公共收藏机构法》

博物馆是公共文化机构，向社会提供服务，通过收藏、保存、研究、修复、交流和展览等行为，达到为公众增长知识、提供教育和休息消遣的目的，并且是人类社会与环境存在和发展的物质和精神的见证。

匈牙利

《文化产品、博物馆、公共图书馆服务和文化教育保护法》（1997年第140号）

博物馆是系统地收藏具有文化价值的物品的博物馆机构；开设博物馆的目的是对具有文化价值的物品不断地收藏、登记、保护、修缮、科学分类、公开和通过展览或其他手段进行展示；在技术标准范畴内，博物馆应具备上述目的实现的实体和物质条件、场地及专业领域的高端设备；只有具有营业执照的博物馆才能依法对其命名。

巴西

《博物馆章程及其他措施》（共和国总统府民政办公室法务处2009年1月14日法律第11904号）

为本法律之效力，博物馆即以保存、调查、研究、教育、欣赏和旅游为目的，保存、研究、传播、阐述、展示具有历史、艺术、科学、技术价值或其他文化属性的物件和典藏、向公众开放并服务于社会及其发展的不以营利为目的的机构。

加拿大

《博物馆法》（1990年1月30日通过，2010年11月25日最终修订）

根据本法案设立的每座博物馆：通过自身以及与其他博物馆或相关机构合作，在国内和海外保护和发扬加拿大及其国民的文化遗产。为树立加拿大国民集体记忆和国民认同感做出贡献；成为灵感创造、研究、学习和娱乐的来源，为全加拿大国民共同所有的资源。通过两种官方语言丰富加拿大文化并向全体国民提供服务。

美国

《博物馆和图书馆服务法》

博物馆是指由公共或私人的非营利机构，旨在长期服务于教育和美学事业，拥有专业的工作人员，拥有或使用、管理有形实物，并长期向公众展示这些有形实物。此处的博物馆指那些拥有实物和数字书籍的博物馆、水族馆、植物园、美术馆、儿童博物馆、综合博物馆、故居、历史遗迹、历史博物馆、自然中心、自然历史博物馆、人类博物馆、天文馆、科技馆、专业博物馆及动物园。

新西兰

《国家博物馆法》（1992年第19号，1992年4月8日生效）

制定本法旨在以新西兰国家博物馆的名义，建立一座国家级博物馆，为在自然环境下孕育形成的文化及知识遗产提供一个展示、探索、保存的平台，以便更好地了解和珍藏过去、丰富当代、应对未来的挑战。

肯尼亚

《国家博物馆和遗产法》（2006年9月8日颁布）

博物馆是指收集、保存、分析和展示自然和文化遗产的公共或私人场所。

坦桑尼亚

《国家博物馆法》（第7号法案，1980年2月2日颁布）

博物馆指用以收集、保护和研究科学文化物品的教育文化机构。

《多伦多宣言》——文化遗产在当代社会的相关性与应用性

Toronto Declaration

On the Relevance and Application of Heritage in Contemporary Society

Adopted by the participants of the workshop on the Relevance and Application of Heritage in Contemporary Society, at Toronto, Ontario, Canada, October 2016

BACKGROUND

In October 2016, a workshop on Relevance and Application of Heritage in Contemporary Society was convened at the Royal Ontario Museum in Toronto, Canada. The goal was to use the latest theoretical and applied anthropological knowledge to offer specific recommendations to ensure that cultural heritage in a rapidly changing world is defined, valued, presented, and appreciated in a fair and equitable manner that enables a beneficial role for heritage in modern society. To this end, heritage must be adequately supported during the processes of policy crafting and revision, resource allocation, planning, and management.

Cultural heritage is defined as a legacy of physical artifacts and intangible attributes of a group or society inherited from past generations, maintained in the present, and bestowed for the benefit of future generations. Cultural heritage includes tangible culture (such as buildings, monuments, landscapes, books, works of art, and artifacts), intangible culture (such as folklore, traditions, language and knowledge), and natural heritage (including culturally significant natural features and landscapes). The workshop brought together an international group of 18 experts to discuss the importance of heritage in the modern world (relevance) and describe its role (application) in contemporary society. The 18 expert participants, and the papers they authored in preparation for the workshop, discussed important, timely theoretical and applied topics relating to cultural heritage and represented a breadth of knowledge and experience in the integration of cultural heritage into various sectors of contemporary life. The papers were circulated and read in preparation for the discussion.

Over the past two decades there has been progress in our ability to demonstrate the relevance and application of cultural heritage with respect to major issues and concerns in contemporary society. However, rapid changes affecting life at local, national and international scales require new adaptive strategies to ensure that heritage is broadly defined and fairly acknowledged as relevant to important issues and complex situations in an evolving world. In recent years, attention to cultural heritage has expanded into various significant areas including but not limited to, public education, economic development, military planning and operations, indigenous claims and rights, social and environmental justice, disaster planning, mitigation and response, and political agendas. International agreements have codified the inclusion of cultural heritage in these facets of life, as well as providing guidance for specific aspects of heritage management, including collection and museum exhibition, tourism, law, historic preservation, lobbying, and advocacy, and the illicit antiquities trade. Despite considerable progress, much remains to be done in this regard to ensure that individuals, communities, and nations are able to understand and appreciate their past and its relevance to the present and future.

Addressing the relevance and application of heritage in contemporary life is a critical undertaking for guiding research into cultural heritage and society, effective stewardship, responding to crisis or conflict situations, and ensuring adequate financing at local, national, and international levels. Incorporating a wide spectrum of stakeholders to create new models, tools, and partnerships for protecting, managing, and enjoying our collective cultural patrimony, and demonstrating the place of heritage in the modern world, enhances the integration of heritage with other agendas thus attracting financial support in an era of limited resources.

Broad consultation and inclusion of stakeholders allows for the co-existence of different perspectives on the past, furthering and appreciating differences and similarities among and between societies; an important concept in this era of exceptional and widespread cultural and geopolitical conflict, transhumance, and nationalism. Recent changes in the ways that contemporary societies view, access, and value heritage present new opportunities and challenges to ensure that the heritage of a given society or group is identified, valued and appreciated in an accurate, balanced, and respectful way. This balanced approach which considers the social dynamics within and between societies, may contribute significantly to future political, economic, environmental and educational policy, planning, and implementation.

To codify these issues and beliefs, the participants of the Toronto Cultural Heritage Group, hereby declare the following.

WHEREAS, heritage is the living expression of cultural traditions, norms, and values and is intergenerational and subject to social dynamics within and between societies, and

WHEREAS, the strength and resiliency of nations, and communities in the world is contingent on a strong connect to cultural heritage, and a respect for heritage diversity within and beyond modern political boundaries, and

WHEREAS, contemporary values affect the significance given to tangible and intangible inheritances from the past which influence decisions on interpretation and how heritage is presented, it is necessary to articulate and consider the full range of values and interests with respect to local, national, and international policies, strategies, and financing, and

WHEREAS, it is important to develop effective and productive ways of defining and advocating the need for sustainable, responsive cultural heritage management policies to policy-makers and the public at the levels where policy-crafting, resource allocation, and planning collaboration occur, and

WHEREAS, it is essential to enlist the fiscal and human resources of societal groups that include infrastructure development proponents; financial institutions; international, national, sub-national and local governments and organizations; local communities; non-governmental organizations; professional organizations; researchers; educators; the media; and the public at large; to ensure that heritage is defined broadly, respected and valued fairly, and

WHEREAS, cultural heritage affects the quality of life for individuals, communities, and nations, and that choosing not to value heritage has consequences which can be detrimental to social order, and

WHEREAS, allowing interest in, and support for, tangible and intangible cultural heritage in a manner that can compete with other agendas in a market-driven world requires applying, legal, ethical, economic, management, community, and scientific perspectives in meeting needs with respect to two principles:

The cultural heritage agenda

- Cultural Heritage Management (CRM) standards, including identification, documentation, protection, conservation and use
- Capacity building at local, national and international levels
- Community involvement
- Promoting cultural diversity and indigenous people's rights
- Professional training: education and curriculum development
- Establishing world-wide networks for protection, management and advocacy
- Combating antiquities theft and looting
- Data collection, management, dissemination and use
- Museums, libraries and archives

Integration of cultural heritage into other agendas

- Climate change and adaptation planning
- Natural disaster planning, mitigation and response
- Contemporary social and economic planning, action and issues at local, national and international levels
- Laws and treaties
- Commerce and trade
- Population movements: migrants, refugees and displaced persons
- Cultural diversity and indigenous people's rights
- Religion: tolerance and respect
- Ethical issues
- Infrastructure development and extractive industries

- Finance: public and private
- Poverty, inequality and resource distribution
- Armed conflict and terrorism
- Urban issues
- Rural and agrarian issues
- Media and information dissemination

NOW, THEREFORE, the signers of this Declaration express our intent to carry out to the best of our abilities the actions set forth below. We aim to foster the relevance and valuation of cultural heritage as an important aspect of society and enlist the collaboration of individuals, groups and organizations dedicated to cultural heritage, as well as those outside the heritage field in order to have a significant impact on the valuation, identification, conservation and management of heritage. This is essential for promoting, supporting, and encouraging the following actions:

1. Further attention to the relevance and application of cultural heritage in contemporary society through publications, symposia, conferences, workshops and working groups at local, national and international levels.

2. Publicize best practices for management and protection of cultural heritage in the public interest through discussion and dissemination of information to ensure that individuals, communities and nations have a meaningful connection to their heritage and that the full range of inherited cultural sites, objects and traditions receive due consideration.

3. Examine, discuss, and evaluate the impacts of globalization and market economies, armed conflict, climate change, migration, social and economic development, and governmental policies on heritage, and formulation of sustainable long-term strategies and alliances to ensure effective application of tangible and intangible cultural heritage in contemporary society.

4. Increase public awareness of looting and destruction at cultural heritage sites and the international antiquities trade.

5. Build capacity of professionals and communities for identification, documentation, protection, management and use of cultural heritage in a manner

that promotes local pride ownership, social and economic benefit.

6. Act as liaisons among governments, their local communities and other stakeholders, including descendant peoples, to encourage awareness and stewardship of cultural heritage.

7. Include cultural heritage in local, national and international networks for preparedness and recovery in the event of natural disasters.

8. Develop and disseminate methods for identifying responsible parties in order to secure funds for heritage restitution and recovery actions.

9. Develop and disseminate effective educational materials, curricula and training modules for cultural heritage management, including an international network for distance learning on a platform that provides for exchange of information and supports multiple languages.

10. Develop recommendations for increased participation by descendant communities and other stakeholders in cultural heritage data generation, protection and management.

11. Support and encourage local heritage programs, including establishment and maintenance of museums in communities.

Founding Signatories

Dr. Jeffrey H. Altschul
Dr. Uzi Baram
L. Eden Burgess, Esq.
Dr. Elizabeth S. Chilton
Dr. Diane Douglas
Ms. Arlene K. Fleming
Dr. Fekri Hassan
Mr. Katsuyuki Okamura
Dr. David Pokotylo
Dr. Chen Shen
Dr. Claire Smith

Dr. George S. Smith
Dr. Hilary A. Soderland, Esq.
Dr. Jigen Tang
Dr. Peter Stone
Dr. Joe Watkins
Marion Werkheiser, Esq.
Dr. Pei-Lin Yu

后记

从1997年我入职加拿大皇家安大略博物馆，算起来在这座西方著名的百年博物馆已经工作二十余年了。回望过去的二十年，是我个人成长和积淀的二十年，同时也是伴随着中国博物馆事业迅猛蓬勃发展的二十年，看到国内日新月异的博物馆建设，我感到由衷的自豪和欣喜。多年来和国内同行们密切地合作与交流，虽然身处不同的工作环境，我们有着许多相同的感受和困惑，也有着不同的迷茫和思考，但我深深感到博物馆事业把我们连接在一起，让我们息息相通。

自2014年开始，每两年我会到山东大学给文博专业的学生讲授有关博物馆理论的课程。几年前，我也曾试图将西方博物馆的实践与管理写成一本小书，供学生们作为案例讨论。因为他们是中国博物馆未来的从业者和管理者，我希望尽我所能让他们通过了解西方博物馆的运行方式和方法，将来能够探索出一条适合中国博物馆的发展之路，甚至期待他们能够引领全球博物馆事业走向未来。但是在和同学们的交流和讨论中，特别是2018年参加了山东大学举办的第二届"博物馆青年学者论坛"之后，我发现，现在的学生见得多，识得多，思维活跃得多，也深刻得多。博物馆在他们那里不再是陌生的概念，西方博物馆在他们那里也不再是高高在上。在今天这个信息时代，他们有很多途径去了解西方博物馆的历史、实践和理论，因此我迟迟没有动笔。

博物馆就像人一样，有共性，也有个性。任何一座博物馆，都有它发展的特点、优势，也有它的瓶颈。在这个实践性很强的领域，由于各方面条件的不同，一些规则和路径在此博物馆适用，在其他博物馆就行不通；在这个博物馆是优势，在另一个博物馆也许就显示不出来。所以，当我真正落笔的时候，我想将我个人在西方博物馆工作经历中那些有意思、有触动的鲜活的人和事儿拉拉杂杂地写出来，提出我的问题和我的思考，而不是讲一个范例，给一个答案。所以这本书就像我在山东大学的教室里和同学们闲聊一样，我们共同去寻求解答博物馆问题的钥匙。

从萌生写作的想法，到今年年初开始动笔，中间经历了几年时间。在这几年里正是身边的许多人和许多事儿让我的想法逐渐充实，思路逐渐明晰。我首先要感谢山东大学历史文化学院文博专业的师生多年来对我的眷顾和厚爱，给我一个讨论博物馆问题的平台。正是有了那一次次的讲座、一次次的讨论才有了这本书写作的热情。

我要感谢毕业于山东大学，"弘博网"创建人之一的王悦婧同学，是她多次不厌其烦地敦促我及时整理我那些杂乱无章的想法，并发表在弘博网上。由此把我过去的工作实践逐步梳理成了对博物馆一些当前问题的思考，为本书打下了基础。

我还要感谢我的同行们。本书中讨论的一些问题、一些想法和观点都是与我一样热爱博物馆的朋友们和同行们共同的想法和观点。书中表述出来的这些问题和思考，更是来源于和这些中外博物馆朋友们交流和讨论的启发。

特别要说的是在我代表加拿大皇家安大略博物馆与中国文博单位合作举办国际展览的过程中，我得到了国内同行和朋友们无私和真诚的帮助，也让我学习到了中国博物馆人的人文精神和情怀。我借此机会向他们表示由衷的感谢。由于朋友太多，挂一漏万，在此就不一一列举了。

在本书写作过程中，感谢许多师友同好无私地提出了很多宝贵的意见。感谢美国丹佛艺术博物馆的焦天龙博士、加拿大维多利亚美术馆的吴蘅博士、山东大学赵星宇同学、多伦多大学崔晶同学和刘珽怡同学等提供的帮助。感谢文物出版社张玮和谷雨两位老师辛勤的编辑工作。

正如我在书中强调的，博物馆的功能和宗旨是随着时代的变化而变化的。

在当下，变化中的博物馆更需要与时俱进，所以这本书一定很快就会过时了、不合时宜了。我殷切地希望读者能够及时地多多给本书提出意见，互相讨论，如果能够及时修订，当是我愿；同时也希望读者就本书中提到的问题继续做深度的研究，发表专论。

衷心地希望在大家的助力下，让这本小书发挥的作用能够更长一点，更大一点。

沈辰

己亥中秋于多伦多